POTPUNI BLISKOISTOČNI VEGETARIJANAC

Poboljšajte svoje nepce uz 100 srednjoistočnih vegetarijanskih recepata

Valentino Adamić

Materijal autorskih prava ©2024

Sva prava pridržana

Nijedan dio ove knjige ne smije se koristiti ili prenositi u bilo kojem obliku ili na bilo koji način bez odgovarajućeg pisanog pristanka izdavača i vlasnika autorskih prava, osim kratkih citata korištenih u recenziji. Ovu knjigu ne treba smatrati zamjenom za medicinske, pravne ili druge stručne savjete.

SADRŽAJ

SADRŽAJ 3

UVOD 7

DORUČAK 8

    1. Kruh (Khubz Ragag) 9
    2. chebab (palačinke) 11
    3. Laban (jogurt) sa datuljama 13
    4. Khabeesa 15
    5. od jogurta i datulja 17
    6. Haš od sardina i krumpira 19
    7. Ful Medames 21
    8. Maldouf FlatBread 23
    9. Shakshuka 25
    10. Manoushe (sirijski somun sa za'atarom) 27
    11. Ka'ak kruh 29
    12. Fatteh (sirijska tepsija za doručak) 31
    13. Syrian Flatb read 33
    14. Labneh i Za'atar zdravica 35

GLICASE I PREDJELA 37

    15. Tanjur s raznim datuljama 38
    16. Prekršaj 40
    17. Samosa 42
    18. Khubz (plosnati kruh) čips 45
    19. Datulje s bademima 47
    20. Falafel 49
    21. Fatayer od špinata 51
    22. Punjeni luk 53
    23. Latkes 56

UMOCI I NAMAZI 58

    24. Muhammara (umak od sirijskih ljutih papričica) 59
    25. Baba Ghanoush 62
    26. Sirijski humus 64
    27. Butternut squash & tahini namaz 66
    28. Humus s pinjolima i maslinovim uljem 68

29. Za'atar i maslinovo ulje 70

30. Laban Bi Khiar (umak od jogurta i krastavaca) 72

31. Musabaha (slanutak s humusom) i pita 74

GLAVNO JELO 77

32. Mejadra 78

33. Na'amin fattoush 81

34. Baby salata od špinata s datuljama i bademima 83

35. Pečena butternut tikva sa za'atarom 85

36. Salata od miješanog graha 87

37. Salata od korjenastog povrća s labnehom 89

38. Pržene rajčice s češnjakom 91

39. Pržena cvjetača s tahinijem 93

40. Tabule 95

41. Sabih 97

JUHE 100

42. Shorbat Khodar (juha od povrća) 101

43. Šurbah od povrća 103

44. Juha od potočarke i slanutka s ružinom vodicom 105

45. od jogurta i ječma 107

46. Juha od pistacija 109

47. Zagoreni patlidžan i Mograbieh juha 112

48. Juha od rajčice i kiselog tijesta 115

SALATE 117

49. Salata od rajčice i krastavaca 118

50. Salata od slanutka (Salatat Hummus) 120

51. Tabule salata 122

52. Salata Fattoush 124

53. Salata od cvjetače, graha i riže 126

54. Salata od datulja i oraha 128

55. Salata od mrkve i naranče 130

56. Salata od kvinoje 132

57. Salata od cikle i jogurta 134

58. Salata od kupusa 136

59. Salata od leće (Salatat oglasi) 138

60. Začinjeni slanutak i salata od povrća 140
61. Salata od pečene cvjetače i lješnjaka 143
62. Pikantna salata od mrkve 145
63. Salata od peršina i ječma 147
64. Masna salata od tikvica i paradajza 149

DESERT 151

65. Puding od ružine vodice (Mahalabiya) 152
66. Halwa (desert od slatkog želea) 154
67. Mushaltat 156
68. Torta od datulja 159
69. Puding Qamar al-Din 161
70. Puding od riže s kardamomom 163
71. Luqaimat (slatke knedle) 165
72. Kolačići od ruža (Qurabiya) 167
73. Torta od banane i datulja 169
74. Sladoled od šafrana 171
75. Krem karamel (Muhallabia) 173
76. Mamoul s datuljama 175
77. Sirijska Namora 178
78. Brownies od sirijskih datulja 180
79. Baklava 183
80. Halawet el Jibn (sirijske slatke peciva od sira) 185
81. Basbousa (kolač od griza) 187
82. Znoud El Sit (sirijsko pecivo punjeno kremom) 189
83. Mafroukeh (desert od griza i badema) 191
84. Galette od crvene paprike i pečenih jaja 193
85. Pita sa začinskim biljem 196
86. Bureke 199
87. Ghraybeh 202
88. Mutabbaq 204
89. Šerbat 206

PIĆA 208

90. Kašmir Kahwa 209
91. Limunada od mente (Limon w Nana) 211
92. Sahlab 213

93. Sok od tamarinde (tamar hindi) 215
94. Limunada od ružine vodice 217
95. Šafranovo mlijeko (Haleeb al-Za'fran) 219
96. Mocktail od nara 221
97. Limunada od šafrana 223
98. Shake od datulja s cimetom 225
99. Kokos kardamom šejk 227
100. Minty zeleni čaj 229

ZAKLJUČAK 231

UVOD

Krenite na gastronomsko putovanje kroz živahni i ukusni svijet bliskoistočne kuhinje uz "POTPUNI BLISKOISTOČNI VEGETARIJANAC". Ova kuharica je vaš ulaz u bogatu tapiseriju vegetarijanskih užitaka, gdje se hrabri začini, svježe bilje i korisni sastojci spajaju kako bi stvorili simfoniju okusa koja će uzdići vaše nepce. Sa 100 pomno izrađenih recepata, ova zbirka vas poziva da kušate bit bliskoistočne vegetarijanske kuhinje.

Zamislite užurbane tržnice, miris egzotičnih začina koji se širi zrakom i radosna okupljanja na kojima su obroci proslava obilja i zajednice. "Potpuni srednjoistočni vegetarijanac" nije samo kuharica; to je kulinarsko istraživanje koje zadire u raznoliku i drevnu tradiciju prehrane biljnom hranom na Bliskom istoku.

Bilo da ste predani vegetarijanac, pustolovni kuhar kod kuće koji želi proširiti svoj kulinarski repertoar ili jednostavno želite u svoje obroke unijeti odvažne okuse regije, ovi su recepti osmišljeni da vas inspiriraju i oduševe. Od izdašnih variva do živahnih salata, od mirisnih jela od riže do slatkih deserata, svaki recept je počast umijeću bliskoistočne vegetarijanske kuhinje.

Pridružite nam se dok otkrivamo tajne raskošnog mezzea, istražujemo svestranost mahunarki i slavimo živopisne boje i teksture koje definiraju vegetarijansku kuhinju Bliskog istoka. "Potpuni srednjoistočni vegetarijanac" vaš je suputnik u stvaranju hranjivih, aromatičnih i zadovoljavajućih jela na biljnoj bazi koja prikazuju bogatstvo ove kulinarske tradicije.

Dakle, naoštrite svoje noževe, sakupite začine i krenimo na putovanje kako bismo obogatili vaše nepce uz 100 srednjoistočnih vegetarijanskih recepata koji obećavaju simfoniju okusa i slavlje umjetnosti kuhanja na bazi biljaka.

… DORUČAK

1. Kruh (Khubz Ragag)

SASTOJCI:
- 2 šalice brašna
- 1 žličica soli
- Voda

UPUTE:
a) U velikoj zdjeli pomiješajte brašno i sol, miješajući ih zajedno.
b) Postupno dodajte vodu u smjesu brašna, osiguravajući temeljito miješanje. Prilagodite količinu vode prema željenoj konačnoj teksturi:
c) Za tanki kruh nalik na palačinke dodajte šalicu vode, nastavite dok konzistencija ne bude rjeđa od tijesta za palačinke, dopuštajući da se izlije po tavi.
d) Za gušći kruh poput pite dodajte otprilike ½ šalice vode na početku, ciljajući na debljinu tijesta sličnu tradicionalnom tijestu za kruh. Možda će biti potrebna dodatna voda, ali je dodajte postupno i temeljito mijesite kako biste potvrdili potrebu.
e) Zagrijte veliku tavu, po mogućnosti začinjenu od lijevanog željeza, na srednje jakoj vatri.
f) Ako koristite tanje tijesto, ulijte ga u pleh, vrteći da se površina tanko obloži. Napomena: ovom metodom možete napraviti samo jedan kruh odjednom.
g) Ako koristite deblje tijesto, prije nego što ih stavite u pleh, oblikujte male loptice i spljoštite dlanovima. Koristeći ovu metodu, može se kuhati više kruhova istovremeno, ovisno o njihovoj veličini.
h) Za tanju verziju kuhajte otprilike minutu. Kad se sredina stvrdne, okrećite je lopaticom još 30 sekundi. Prebacite ga na tanjur i ponovite postupak s preostalim tijestom.
i) Za gušću verziju kuhajte nešto duže od minute. Kad se rubovi počnu stvrdnjavati, preokrenite lopaticom i pecite dodatnih 30 sekundi do 1 minute. Kada je gotovo, premjestite na tanjur i ponovite s preostalim tijestom.
j) Poslužite kruh topao, samostalno ili uz dodatna jela. Uživati!

2.chebab (palačinke)

SASTOJCI:
- 2 šalice brašna
- 1/2 šalice griza
- 1/2 šalice šećera
- 1/2 žličice kvasca
- 2 šalice tople vode
- Ghee za kuhanje

UPUTE:
a) U zdjeli pomiješajte brašno, griz, šećer, kvasac i toplu vodu da napravite tijesto. Pustite da odstoji sat vremena.
b) Zagrijte gradele ili tavu i premažite gheejem.
c) Žličicu tijesta izlijte na tavu i pecite dok se na površini ne pojave mjehurići.
d) Okrenite palačinku i pecite drugu stranu dok ne porumeni.
e) Poslužite toplo uz med ili sirup od datulja.

3.Laban (jogurt) sa datuljama

SASTOJCI:
- 2 šalice običnog jogurta
- 1/2 šalice datulja, očišćenih od koštica i nasjeckanih
- 2 žlice meda
- Bademi ili orasi, sjeckani (po želji)
- Mljeveni kardamom, za aromu

UPUTE:
a) Umutite obični jogurt dok ne postane glatko.
b) Pomiješajte nasjeckane datulje i med.
c) Ukrasite nasjeckanim orasima i pospite mljevenim kardamomom.
d) Ostavite u hladnjaku neko vrijeme prije posluživanja za osvježavajući okus.

4. Khabeesa

SASTOJCI:
- 2 šalice griza
- 1 šalica šećera
- 1/2 šalice gheeja
- 1 šalica jogurta
- 1 žličica mljevenog kardamoma
- 1/2 šalice grožđica (po želji)
- Voda, po potrebi

UPUTE:
a) U zdjeli pomiješajte griz, šećer, ghee, jogurt i mljeveni kardamom.
b) Postupno dodajte vodu da dobijete gustu smjesu.
c) Zagrijte tavu i sipajte male dijelove tijesta u palačinke.
d) Pecite dok obje strane ne porumene.
e) Po želji ukrasite grožđicama.
f) Poslužite toplo.

5.od jogurta i datulja

SASTOJCI:
- 1 šalica datulja bez koštica
- 1 šalica jogurta
- 1/2 šalice mlijeka
- 1 žlica meda
- Kocke leda

UPUTE:
a) U blenderu pomiješajte datulje bez koštica, jogurt, mlijeko i med.
b) Miješajte dok ne postane glatko.
c) Dodajte kockice leda i ponovno miksajte dok smoothie ne dobije željenu konzistenciju.
d) Ulijte u čaše i poslužite ohlađeno.

6.Haš od sardina i krumpira

SASTOJCI:
- 2 konzerve sardina u ulju, ocijeđenih
- 3 srednja krumpira, oguljena i narezana na kockice
- 1 glavica luka sitno nasjeckana
- 2 rajčice, narezane na kockice
- 2 češnja češnjaka, mljevena
- 1 žličica mljevenog kima
- 1 žličica mljevenog korijandera
- Sol i papar, po ukusu
- Maslinovo ulje za kuhanje
- Svježi cilantro za ukras

UPUTE:
a) U tavi zagrijte maslinovo ulje i pirjajte nasjeckani luk i češnjak dok ne omekšaju.
b) Dodati krumpir narezan na kockice i kuhati dok ne pocne rumeniti.
c) Umiješajte mljeveni kumin, mljeveni korijander, sol i papar.
d) Dodajte rajčice narezane na kockice i kuhajte dok se ne raspadnu.
e) Nježno savijte sardine, pazeći da ih ne polomite previše.
f) Kuhajte dok krumpir ne omekša i dok se okusi ne stope.
g) Prije posluživanja ukrasite svježim cilantrom.

7. Ful Medames

SASTOJCI:
- 2 šalice kuhanog fava graha
- 1/4 šalice maslinovog ulja
- 1 glavica luka sitno nasjeckana
- 2 češnja češnjaka, mljevena
- 1 rajčica, narezana na kockice
- 1 žličica mljevenog kima
- 1 žličica mljevenog korijandera
- Sol i papar, po ukusu
- Svježi peršin za ukras
- Tvrdo kuhana jaja za posluživanje (po želji)
- Somun ili pita za posluživanje

UPUTE:
a) U tavi zagrijte maslinovo ulje i pirjajte nasjeckani luk i češnjak dok ne omekšaju.
b) Dodajte rajčice narezane na kockice i kuhajte dok se ne raspadnu.
c) Umiješajte mljeveni kumin, mljeveni korijander, sol i papar.
d) Dodajte kuhane fava grah i kuhajte dok se ne zagriju.
e) Zgnječite dio graha da dobijete kremastu teksturu.
f) Ukrasite svježim peršinom.
g) Po želji poslužite s tvrdo kuhanim jajima sa strane i uz somun ili pitu.

8. Maldouf FlatBread

SASTOJCI:
- 2 šalice integralnog pšeničnog brašna
- Posolite po ukusu
- 1/4 šalice gheeja (pročišćenog maslaca) za plitko prženje
- Voda Za mijesenje tijesta
- 8-14 1/2 šalice mekih datulja
- 1 šalica kipuće vode

UPUTE:
a) Datulje bez koštica potopite u 1 šalicu kipuće vode 2-3 sata ili dok ne omekšaju.
b) Omekšale datulje usitnite u pire pomoću cjedila ili sitne mrežice. Možda će vam trebati blender za miješanje, ako vam nije jako mekano.
c) Pomiješajte pasirane datulje sa soli, 1 žlicom ghee-a i brašnom i zamijesite mekano tijesto.
d) Ostavite tijesto da odstoji minimalno 20 minuta.
e) Podijelite tijesto na jednake kuglice veličine limuna.
f) Svaku razvaljajte u somun/parathu/kružni disk/ili oblik koji želite na 5-6 inča duljine.
g) Svaki plitko pržite koristeći ghee dok ne bude pečen s obje strane. Budući da tijesto sadrži datulje, bit će vrlo brzo pečeno.

9.Shakshuka

SASTOJCI:
- 2 žlice maslinovog ulja
- 1 glavica luka sitno nasjeckana
- 2 paprike babure, narezane na kockice
- 3 češnja češnjaka, nasjeckana
- 1 limenka (28 oz) zdrobljenih rajčica
- 1 žličica mljevenog kima
- 1 žličica mljevene paprike
- Posolite i popaprite po ukusu
- 4-6 jaja
- Svježi peršin za ukras

UPUTE:
a) U velikoj tavi zagrijte maslinovo ulje na srednje jakoj vatri.
b) Pirjajte luk i papriku dok ne omekšaju.
c) Dodajte mljeveni češnjak i kuhajte još minutu.
d) Ulijte mljevene rajčice i začinite kimom, paprikom, solju i paprom. Pirjajte oko 10-15 minuta dok se umak ne zgusne.
e) U umaku napravite male udubljenja i u njih razbijte jaja.
f) Pokrijte tavu i kuhajte dok se jaja ne pošriraju po vašoj želji.
g) Ukrasite svježim peršinom i poslužite uz kruh.

10. Manoushe (sirijski somun sa za'atarom)

SASTOJCI:
- Tijesto za pizzu ili somun
- Za'atar mješavina začina
- Maslinovo ulje
- Po želji: Labneh ili jogurt za umakanje

UPUTE:
a) Tijesto za pizzu ili somun razvaljajte u tanki okrugli oblik.
b) Tijesto izdašno premažite maslinovim uljem.
c) Ravnomjerno pospite mješavinu začina Za'atar po tijestu.
d) Pecite u pećnici dok rubovi ne postanu zlatni i hrskavi.
e) Po izboru: poslužite uz dodatak labneha ili jogurta za umakanje.

11. Ka'ak kruh

SASTOJCI:
- 4 šalice višenamjenskog brašna
- 1 žlica šećera
- 1 žličica soli
- 1 žlica aktivnog suhog kvasca
- 1 1/2 šalice tople vode
- Sezamove sjemenke za preljev

UPUTE:
a) U velikoj zdjeli pomiješajte brašno, šećer i sol.
b) U posebnoj posudi otopite kvasac u toploj vodi i ostavite da odstoji 5 minuta dok se ne zapjeni.
c) Dodajte smjesu kvasca u smjesu brašna i mijesite dok ne dobijete glatko tijesto.
d) Tijesto podijelite na male loptice i svaku oblikujte u okrugli ili ovalni kruh.
e) Oblikovani kruh stavite u lim za pečenje, premažite vodom i po vrhu pospite sezamom.
f) Pecite u prethodno zagrijanoj pećnici na 375°F (190°C) dok ne porumene.

12. Fatteh (sirijska tepsija za doručak)

SASTOJCI:
- 2 šalice kuhanog slanutka
- 2 šalice običnog jogurta
- 2 češnja češnjaka, mljevena
- 1 šalica prepečenih komada somuna (pita ili libanonski kruh)
- 1/4 šalice pinjola, prženih
- 2 žlice pročišćenog maslaca (ghee)
- Mljeveni kumin, po ukusu
- Sol i papar, po ukusu

UPUTE:
a) U zdjelu za posluživanje poslažite komadiće tostiranog somuna.
b) U posudi pomiješajte jogurt sa mljevenim češnjakom, soli i paprom. Premažite ga preko kruha.
c) Odozgo stavite kuhani slanutak.
d) Prelijte pročišćenim maslacem i po vrhu pospite tostirane pinjole i mljeveni kim.
e) Poslužite toplo kao obilan i ukusan lonac za doručak.

13. Syrian Flatbread

SASTOJCI:
- 1 11/16 šalice vode
- 2 žlice biljnog ulja
- ½ žličice bijelog šećera
- 1 ½ žličice soli
- 3 šalice višenamjenskog brašna
- 1 ½ žličice aktivnog suhog kvasca

UPUTE:
a) Stavite sastojke u posudu za pečenje kruha prema redoslijedu koji preporučuje proizvođač.
b) Odaberite ciklus tijesta na svom stroju za kruh i pritisnite Start.
c) Kada je ciklus tijesta gotovo završen, zagrijte pećnicu na 475 stupnjeva F (245 stupnjeva C).
d) Okrenite tijesto na lagano pobrašnjenu površinu.
e) Tijesto podijelite na osam jednakih dijelova i oblikujte ih u krugove.
f) Pokriti okruglice vlažnom krpom i ostaviti da odstoje.
g) Svaki krug tijesta razvaljajte u tanki ravni krug promjera otprilike 8 inča.
h) Pecite po dva kruga na prethodno zagrijanim limovima za pečenje ili kamenu dok ne napuhnu i porumene, oko 5 minuta.
i) Ponovite postupak za preostale štruce.
j) Poslužite sirijski kruh topao i uživajte u njegovoj svestranosti uz ručak ili večeru.

14. Labneh i Za'atar zdravica

SASTOJCI:
- Labneh (procijeđeni jogurt)
- Za'atar mješavina začina
- Maslinovo ulje
- Pita kruh ili hrskavi kruh

UPUTE:
a) Namažite izdašnu količinu labneha na tostirani pita kruh ili vaš omiljeni hrskavi kruh.
b) Pospite za'atar mješavinom začina.
c) Pokapati maslinovim uljem.
d) Poslužite kao otvoren sendvič ili narezan na manje komade.

GLICASE I PREDJELA

15. Tanjur s raznim datuljama

SASTOJCI:
- 4-5 šalica datulja bez koštica ili bilo koje vrste
- 1/2 šalice prženih sjemenki suncokreta
- 1/2 šalice prženih sjemenki bundeve
- 1/2 šalice prženih sjemenki bijelog sezama
- 1/2 šalice prženih sjemenki crnog sezama
- 1/2 šalice prženog kikirikija

UPUTE:
a) Operite i osušite sve datulje. Osigurajte da su suhi i bez vlage.
b) Napravite prorez u sredini svake datulje i izvadite sjemenke. Odbacite sjemenke.
c) Napunite sredinu svake datulje prženim sjemenkama suncokreta, sjemenkama bundeve, sjemenkama bijelog sezama, sjemenkama crnog sezama i kikirikijem.
d) Punjene datulje složite na veliki pladanj tako da budu lako dostupne i vizualno privlačne.
e) Čuvajte odabrane datulje u hermetički zatvorenim posudama u hladnjaku.

16. Prekršaj

SASTOJCI:
- 2 konzerve fava graha, ocijeđene i isprane
- 2 češnja češnjaka, mljevena
- 1/4 šalice maslinovog ulja
- Sok od 1 limuna
- Sol i papar, po ukusu
- Nasjeckani peršin za ukras
- kruh (Rukhal), za posluživanje

UPUTE:
a) U tavi na maslinovom ulju pirjajte nasjeckani češnjak dok ne zamiriše.
b) Dodajte fava grah i kuhajte dok se ne zagrije.
c) Mahune malo zgnječiti vilicom.
d) Začinite limunovim sokom, solju i paprom.
e) Ukrasite nasjeckanim peršinom.
f) Poslužite uz kruh.

17. Samosa

SASTOJCI:

Za samosa tijesto:
- 2 šalice višenamjenskog brašna (maida) (260 grama)
- 1 žličica ajwaina (sjemenki karomola)
- 1/4 žličice soli
- 4 žlice + 1 žličica ulja (60 ml + 5 ml)
- Voda za zamijesiti tijesto (oko 6 žlica)

Za Samosa punjenje:
- 3-4 srednja krompira (500-550 grama)
- 2 žlice ulja
- 1 žličica sjemenki kumina
- 1 žličica sjemenki komorača
- 2 žličice zdrobljenih sjemenki korijandera
- 1 žličica sitno nasjeckanog đumbira
- 1 zeleni čili, nasjeckan
- 1/4 žličice hing (asafoetida)
- 1/2 šalice + 2 žlice zelenog graška (namočenog u toploj vodi ako koristite smrznutog)
- 1 žličica korijandera u prahu
- 1/2 žličice garam masale
- 1/2 žličice amchura (osušenog manga u prahu)
- 1/4 žličice crvenog čilija u prahu (ili po ukusu)
- 3/4 žličice soli (ili po ukusu)
- Ulje za duboko prženje

UPUTE:

Napravite samosa tijesto:
a) U velikoj zdjeli pomiješajte višenamjensko brašno, ajwain i sol.
b) Dodajte ulje i utrljajte brašno s uljem dok ne bude poput mrvica. To bi trebalo trajati 3-4 minute.
c) Postupno dodavajte vodu, mijesite tijesto. Nemojte previše obraditi tijesto; trebalo bi se samo spojiti.
d) Pokrijte tijesto vlažnom krpom i ostavite da odstoji 40 minuta.

Napravite nadjev od krumpira:
e) Kuhajte krumpir dok ne bude gotov (8-9 zviždaljki ako koristite ekspres lonac ili 12 minuta na visokom tlaku u instant loncu).
f) Ogulite i zgnječite krumpir.

g) U tavi zagrijte ulje i dodajte sjemenke kumina, sjemenke komorača i mljevene sjemenke korijandera. Pirjajte dok ne postane aromatično.
h) Dodajte nasjeckani đumbir, zeleni čili, hing, kuhani i pire krumpir te zeleni grašak. Dobro promiješajte.
i) Dodajte korijander u prahu, garam masalu, amchur, crveni čili u prahu i sol. Miješajte dok se dobro ne sjedini. Maknite s vatre i pustite da se nadjev ohladi.

Oblikujte i pržite samosu:
j) Nakon što se tijesto odmorilo, podijeliti ga na 7 jednakih dijelova.
k) Svaki dio razvaljajte u krug promjera 6-7 cm i prerežite na dva dijela.
l) Uzmite jedan dio, nanesite vodu na ravni rub i oblikujte stožac. Puniti sa 1-2 žlice nadjeva od krumpira.
m) Zatvorite samosu stisnuvši rubove. Ponovite za preostalo tijesto.
n) Zagrijte ulje na laganoj vatri. Pržite samose na laganoj vatri dok ne postanu čvrste i svijetlo smeđe (10-12 minuta). Pojačajte vatru na srednju i pržite dok ne porumene.
o) Pržite 4-5 samosa istovremeno, a svaka serija će trajati oko 20 minuta na laganoj vatri.

18. Khubz (plosnati kruh) čips

SASTOJCI:
- 4 somuna (Khubz)
- 2 žlice maslinovog ulja
- 1 žličica mljevenog kima
- 1 žličica paprike
- Posolite po ukusu

UPUTE:
a) Zagrijte pećnicu na 350°F (180°C).
b) Somune premažite maslinovim uljem i pospite kuminom, paprikom i soli.
c) Somune narežite na trokute ili trakice.
d) Pecite u pećnici 10-12 minuta ili dok ne postane hrskavo.
e) Ohladite prije posluživanja.

19. Datulje s bademima

SASTOJCI:
- Svježe datulje
- Bademi, cijeli ili prepolovljeni

UPUTE:
a) Datuljama izvadite košticu tako da napravite mali rez i izvadite sjemenku.
b) U udubinu koju je ostavila sjemenka umetnite cijeli badem ili polovicu.

20. Falafel

SASTOJCI:
- 2 šalice namočenog i ocijeđenog slanutka
- 1 manja glavica luka nasjeckana
- 3 češnja češnjaka, nasjeckana
- 1/4 šalice svježeg peršina, nasjeckanog
- 1 žličica mljevenog kima
- 1 žličica mljevenog korijandera
- Sol i papar, po ukusu
- Ulje za prženje

UPUTE:
a) U sjeckalici pomiješajte slanutak, luk, češnjak, peršin, kumin, korijander, sol i papar dok ne dobijete grubu smjesu.
b) Od smjese oblikujte male kuglice ili pljeskavice.
c) Zagrijte ulje u tavi i pržite dok ne porumene s obje strane.
d) Ocijediti na papirnatim ubrusima.
e) Poslužite vruće uz tahini umak ili jogurt.

21. Fatayer od špinata

SASTOJCI:
- 2 šalice nasjeckanog špinata
- 1 manja glavica luka sitno nasjeckana
- 1/4 šalice pinjola
- 1 žlica maslinovog ulja
- 1 žličica mljevenog ruja
- Sol i papar, po ukusu
- Tijesto za pizzu ili gotove listove tijesta

UPUTE:
a) Na maslinovom ulju pirjajte luk dok ne postane proziran.
b) Dodajte nasjeckani špinat i kuhajte dok ne uvene.
c) Umiješajte pinjole, mljeveni ruj, sol i papar.
d) Tijesto za pizzu ili kolače razvaljajte i izrežite u krugove.
e) Na svaki krug stavite žlicu smjese od špinata, preklopite na pola i zalijepite rubove.
f) Pecite dok ne porumene.
g) Poslužite toplo.

22.Punjeni luk

SASTOJCI:
- 4 velika luka (2 lb / 900 g ukupno, oguljena težina) oko 1⅔ šalice / 400 ml temeljca od povrća
- 1½ žlice melase od nara
- sol i svježe mljeveni crni papar
- PUNJENJE
- 1½ žlice maslinovog ulja
- 1 šalica / 150 g sitno nasjeckane ljutike
- ½ šalice / 100 g riže kratkog zrna
- ¼ šalice / 35 g zdrobljenih pinjola
- 2 žlice nasjeckane svježe metvice
- 2 žlice nasjeckanog plosnatog peršina
- 2 žličice sušene metvice
- 1 žličica mljevenog kumina
- ⅛ žličice mljevenog klinčića
- ¼ žličice mljevene pimente
- ¾ žličice soli
- ½ žličice svježe mljevenog crnog papra
- 4 kriške limuna (po želji)

UPUTE:

a) Ogulite i odrežite oko ¼ inča / 0,5 cm vrhova i repova luka, stavite narezani luk u veliki lonac s puno vode, zakuhajte i kuhajte 15 minuta. Ocijedite i ostavite sa strane da se ohladi.

b) Za pripremu nadjeva zagrijte maslinovo ulje u srednjoj tavi na srednje jakoj vatri i dodajte ljutiku. Pirjajte 8 minuta uz često miješanje, zatim dodajte sve preostale sastojke osim kriški limuna. Smanjite vatru i nastavite kuhati uz miješanje 10 minuta.

c) Koristeći mali nož, napravite dugačak rez od vrha luka prema dnu, sve do središta, tako da svaki sloj luka ima samo jedan prorez kroz njega. Počnite nježno odvajati slojeve luka, jedan za drugim, dok ne dođete do jezgre. Ne brinite ako se neki od slojeva malo pokidaju tijekom pilinga; još uvijek ih možete koristiti.

d) Držite sloj luka u jednoj šaci i žlicom stavite otprilike 1 žlicu mješavine riže na polovicu luka, stavljajući nadjev blizu jednog kraja otvora. Nemojte doći u iskušenje da ga još napunite jer mora biti lijepo i udobno zamotan. Preklopite praznu stranu luka preko strane s nadjevom i čvrsto zarolajte tako da riža bude prekrivena s nekoliko slojeva luka bez zraka u sredini. Stavite u srednju tavu za prženje za koju imate poklopac, šavom prema dolje, i nastavite s preostalim lukom i mješavinom riže. Luk poslažite jedan do drugog u tavu, tako da nema mjesta za pomicanje. Eventualne prostore ispunite dijelovima luka koji nisu punjeni. Dodajte toliko temeljca da luk bude pokriven tri četvrtine, zajedno s melasom od nara i začinite s ¼ žličice soli.

e) Poklopite posudu i kuhajte na najslabijoj mogućoj vatri 1½ do 2 sata, dok tekućina ne ispari. Poslužite toplo ili na sobnoj temperaturi, po želji s kriškama limuna.

23. Latkes

Pravi: 12 LATKE

SASTOJCI
- 5½ šalice / 600 g oguljenih i naribanih prilično voštanih krumpira kao što je Yukon Gold
- 2¾ šalice / 300 g oguljenog i naribanog pastrnjaka
- ⅔ šalice / 30 g vlasca, sitno nasjeckanog
- 4 bjelanjka
- 2 žlice kukuruznog škroba
- 5 žlica / 80 g neslanog maslaca
- 6½ žlica / 100 ml suncokretovog ulja
- sol i svježe mljeveni crni papar
- kiselo vrhnje, za posluživanje

UPUTE
a) Isperite krumpir u velikoj zdjeli hladne vode. Ocijedite u cjedilu, ocijedite višak vode, a zatim raširite krumpir na čisti kuhinjski ubrus da se potpuno osuši.
b) U velikoj zdjeli pomiješajte krumpir, pastrnjak, vlasac, bjelanjke, kukuruzni škrob, 1 žličicu soli i dosta crnog papra.
c)
d) Zagrijte pola maslaca i pola ulja u velikoj tavi na srednje jakoj vatri. Rukama izvadite dijelove od otprilike 2 žlice mješavine latkea, čvrsto stisnite kako biste uklonili nešto tekućine i oblikujte tanke pljeskavice debljine oko 3/8 inča / 1 cm i promjera 3¼ inča / 8 cm. Pažljivo stavite onoliko latkesa koliko možete udobno smjestiti u tavu, nježno ih gurnite prema dolje i poravnajte stražnjom stranom žlice. Pržite na srednje jakoj vatri 3 minute sa svake strane. Latke moraju biti potpuno smeđe izvana. Pržene latkes izvadite iz ulja, stavite na papirnate ubruse i držite na toplom dok kuhate ostatak. Po potrebi dodajte preostali maslac i ulje. Poslužite odmah s kiselim vrhnjem sa strane.

UMOCI I NAMAZI

24. Muhammara (umak od sirijskih ljutih papričica)

SASTOJCI:
- 2 slatke paprike, očišćene od sjemenki i narezane na četvrtine
- 3 kriške kruha od cjelovitog zrna pšenice, uklonjene kore
- ¾ šalice nasjeckanih prženih oraha
- 2 žlice soka od limuna
- 2 žlice alepskog papra
- 2 žličice melase od nara
- 1 režanj češnjaka, samljeven
- 1 žličica sjemenki kima, krupno samljevenih
- Posolite po ukusu
- ½ šalice maslinovog ulja
- 1 prstohvat rujnog praha

UPUTE:
a) Postavite rešetku pećnice na oko 6 inča od izvora topline i prethodno zagrijte brojler u pećnici.
b) Lim za pečenje obložite aluminijskom folijom.
c) Stavite paprike s prerezanim stranama prema dolje na pripremljeni lim za pečenje.
d) Pecite u prethodno zagrijanoj pećnici dok kožica paprike ne pocrni i ne postane mjehurića, otprilike 5 do 8 minuta.
e) Kriške kruha prepecite u tosteru i ostavite da se ohlade.
f) Stavite tostirani kruh u plastičnu vrećicu koja se može zatvoriti, istisnite zrak, zatvorite vrećicu i zdrobite valjkom da napravite mrvice.
g) Pečenu papriku prebacite u zdjelu i čvrsto zatvorite plastičnom folijom.
h) Ostavite sa strane dok se kožica paprike ne olabavi, oko 15 minuta.
i) Uklonite i bacite kožice.
j) Očišćene paprike zgnječite vilicom.
k) U sjeckalici pomiješajte pasiranu papriku, krušne mrvice, pržene orahe, limunov sok, alepsku papriku, melasu od nara, češnjak, kumin i sol.
l) Pulsirajte smjesu nekoliko puta da se sjedini prije nego što je uključite na najnižu postavku.
m) Polako ulijevajte maslinovo ulje u smjesu papra dok se miješa dok se potpuno ne sjedini.
n) Smjesu muhammare prebacite u posudu za posluživanje.
o) Prije posluživanja smjesu pospite sumakom.

25. Baba Ghanoush

SASTOJCI:
- 4 velika talijanska patlidžana
- 2 češnja protisnutog češnjaka
- 2 žličice košer soli ili po ukusu
- 1 limun, iscijeđen ili više po ukusu
- 3 žlice tahinija, ili više po ukusu
- 3 žlice ekstra djevičanskog maslinovog ulja
- 2 žlice običnog grčkog jogurta
- 1 prstohvat kajenskog papra ili po ukusu
- 1 list svježe mente, mljevene (po želji)
- 2 žlice nasjeckanog svježeg talijanskog peršina

UPUTE:
a) Zagrijte vanjski roštilj na srednje jaku temperaturu i lagano nauljite rešetku.
b) Površinu kore patlidžana izbodite nekoliko puta vrhom noža.
c) Stavite patlidžane izravno na roštilj. Često okrećite hvataljkama dok se koža pougljeni.
d) Kuhajte dok patlidžani ne omekšaju i ne omekšaju, oko 25 do 30 minuta.
e) Prebacite u zdjelu, dobro pokrijte aluminijskom folijom i ostavite da se ohladi oko 15 minuta.
f) Kad se patlidžani dovoljno ohlade za rukovanje, prepolovite ih i ostružite meso u cjedilo postavljeno iznad zdjele.
g) Ocijedite 5 ili 10 minuta.
h) Prebacite patlidžan u zdjelu za miješanje i dodajte protisnuti češnjak i sol.
i) Pasirajte dok ne postane kremasto, ali s malo teksture, oko 5 minuta.
j) Umutite sok od limuna, tahini, maslinovo ulje i kajenski papar.
k) Umiješajte jogurt.
l) Pokrijte zdjelu plastičnom folijom i stavite u hladnjak dok se potpuno ne ohladi, oko 3 ili 4 sata.
m) Kušajte kako biste prilagodili začine.
n) Prije posluživanja umiješajte mljevenu metvicu i nasjeckani peršin.

26. Sirijski humus

SASTOJCI:
- 5 neoguljenih režnjeva češnjaka
- 2 žlice ekstra djevičanskog maslinovog ulja, podijeljene
- 1 (15 unci) limenka garbanzo graha, ocijeđena
- ½ šalice tahinija
- ⅓ šalice svježeg soka od limuna
- 1 žličica mljevenog kima
- 1 žličica soli

UPUTE:
a) Zagrijte pećnicu na 450 stupnjeva F (230 stupnjeva C).
b) U sredinu velikog kvadrata aluminijske folije stavite neoguljene režnjeve češnjaka.
c) Pokapajte klinčiće s 1 žlicom maslinovog ulja i zamotajte ih u foliju.
d) Pecite u zagrijanoj pećnici 10 do 15 minuta dok češnjak ne porumeni.
e) Izvadite iz pećnice i ostavite pečeni češnjak da se ohladi 5 do 10 minuta.
f) Pečeni češnjak iz ljuske istisnite u sjeckalicu.
g) Dodajte ocijeđeni garbanzo grah, tahini, svježi limunov sok, mljeveni kumin, sol i preostalu 1 žlicu maslinovog ulja u procesor hrane.
h) Sastojke miješajte dok smjesa ne postane vrlo kremasta.
i) Prebacite sirijski humus u zdjelu za posluživanje.
j) Po želji, pokapajte još maslinovim uljem i pospite prstohvatom kumina.
k) Poslužite s pita kruhom, povrćem ili vašim omiljenim opcijama za umakanje.

27. Butternut squash & tahini namaz

Čini: 6 DO 8

SASTOJCI
- 1 vrlo velika butternut tikva (oko 2½ lb / 1,2 kg), oguljena i narezana na komade (7 šalica / 970 g ukupno)
- 3 žlice maslinovog ulja
- 1 žličica mljevenog cimeta
- 5 žlica / 70 g svijetle tahini paste
- ½ šalice / 120 g grčkog jogurta
- 2 mala češnja češnjaka, zgnječena
- 1 žličica miješanog crnog i bijelog sezama (ili samo bijelog, ako nemate crnog)
- 1½ žličice sirupa od datulja
- 2 žlice nasjeckanog cilantra (po želji)
- sol

UPUTE
a) Zagrijte pećnicu na 400°F / 200°C.
b) Raširite tikvicu u tavu srednje veličine. Prelijte maslinovim uljem i pospite cimetom i ½ žličice soli. Sve dobro promiješajte, posudu čvrsto prekrijte aluminijskom folijom i pecite u pećnici 70 minuta uz miješanje tijekom pečenja. Izvaditi iz pećnice i ostaviti da se ohladi.
c) Prebacite tikvicu u procesor hrane, zajedno s tahinijem, jogurtom i češnjakom. Grubo izmiksajte tako da se sve sjedini u grubu pastu, a da namaz ne postane gladak; to možete učiniti i ručno pomoću vilice ili gnječilice za krumpir.
d) Rasporedite butternut u valovitom uzorku preko ravnog tanjura i pospite sjemenkama sezama, pokapajte sirupom i završite s cilantrom, ako ga koristite.

28. Humus s pinjolima i maslinovim uljem

SASTOJCI:
- 1 konzerva (15 oz) slanutka, ocijeđena i isprana
- 1/4 šalice tahinija
- 1/4 šalice maslinovog ulja
- 2 češnja češnjaka, mljevena
- Sok od 1 limuna
- Posolite po ukusu
- Pinjoli i dodatno maslinovo ulje za ukrašavanje

UPUTE:
a) U sjeckalici pomiješajte slanutak, tahini, maslinovo ulje, češnjak, limunov sok i sol.
b) Miješajte dok ne postane glatko.
c) Prebacite u zdjelu za posluživanje, dodatno pokapajte maslinovim uljem i pospite pinjolima.

29. Za'atar i maslinovo ulje

SASTOJCI:
- 3 žlice za'atar mješavine začina
- 1/4 šalice maslinovog ulja
- Pita kruh za posluživanje

UPUTE:
a) U maloj posudi pomiješajte za'atar s maslinovim uljem da dobijete gustu pastu.
b) Poslužite kao umak sa svježim ili prepečenim pita kruhom.

30. Laban Bi Khiar (umak od jogurta i krastavaca)

SASTOJCI:
- 1 šalica grčkog jogurta
- 1 krastavac, sitno narezan
- 2 češnja češnjaka, mljevena
- 2 žlice svježe nasjeckane metvice
- Posolite i popaprite po ukusu
- Maslinovo ulje za podlijevanje

UPUTE:
a) U zdjeli pomiješajte grčki jogurt, krastavac narezan na kockice, nasjeckani češnjak i nasjeckanu metvicu.
b) Posolite i popaprite.
c) Prije posluživanja pokapajte maslinovim uljem.

31. Musabaha (slanutak s humusom) i pita

Proizvodi: 6

SASTOJCI
- 1¼ šalice / 250 g sušenog slanutka
- 1 žličica sode bikarbone
- 1 žlica mljevenog kumina
- 4½ žlice / 70 g svijetle tahini paste
- 3 žlice svježe iscijeđenog soka od limuna
- 1 češanj češnjaka, zgnječen
- 2 žlice ledeno hladne vode
- 4 male pita (ukupno 120 g)
- 2 žlice maslinovog ulja
- 2 žlice nasjeckanog plosnatog peršina
- 1 žličica slatke paprike
- sol i svježe mljeveni crni papar

TAHINI UMAK
- 5 žlica / 75 g svijetle tahini paste
- ¼ šalice / 60 ml vode
- 1 žlica svježe iscijeđenog soka od limuna
- ½ režnja češnjaka, zgnječenog

UMAK OD LIMUNA
- ⅓ oz / 10 g plosnatog peršina, sitno nasjeckanog
- 1 zeleni čili, sitno nasjeckan
- 4 žlice svježe iscijeđenog soka od limuna
- 2 žlice bijelog vinskog octa
- 2 češnja češnjaka, zgnječena
- ¼ žličice soli

UPUTE

a) Slijedite osnovni recept za hummus za način namakanja i kuhanja slanutka, ali ga kuhajte malo manje; trebali bi imati malo otpora u sebi, ali još uvijek biti potpuno kuhani. Ocijedite kuhani slanutak, ⅓ šalice / 450 g) sa sačuvanom vodom za kuhanje, kuminom, ½ žličice soli i ¼ žličice papra. Ostavite smjesu na toplom.

b) Preostali slanutak (1 šalica / 150 g) stavite u manji multipraktik i miješajte dok ne dobijete čvrstu pastu. Zatim, dok stroj još radi, dodajte tahini pastu, limunov sok, češnjak i ½ žličice soli. Na kraju polako ulijte u ledenu vodu i miješajte oko 3 minute, dok ne dobijete vrlo glatku i kremastu pastu. Humus ostavite sa strane.

c) Dok se slanutak kuha, možete pripremiti ostale elemente jela. Za tahini umak stavite sve sastojke i prstohvat soli u manju posudu. Dobro promiješajte i po potrebi dodajte još malo vode da dobijete malo tekućiju konzistenciju od meda.

d) Zatim pomiješajte sve sastojke za umak od limuna i ostavite sa strane.

e) Na kraju otvorite pitas, razdvojite dvije strane. Stavite pod vrući brojler na 2 minute, dok ne porumene i potpuno se osuše. Ostavite da se ohladi prije nego što ga razlomite na komade neobičnog oblika.

f) Podijelite humus u četiri pojedinačne plitke zdjele; nemojte ga poravnati ili pritisnuti, želite visinu. Žlicom prelijte topli slanutak, zatim tahini umak, umak od limuna i malo maslinovog ulja. Ukrasite peršinom i malo paprike i poslužite uz tostirane komade pite.

GLAVNO JELO

32. Mejadra

SASTOJCI:

- 1¼ šalice / 250 g zelene ili smeđe leće
- 4 srednje glavice luka (1½ lb / 700 g prije guljenja)
- 3 žlice višenamjenskog brašna
- oko 1 šalica / 250 ml suncokretovog ulja
- 2 žličice sjemenki kumina
- 1½ žlice sjemenki korijandera
- 1 šalica / 200 g basmati riže
- 2 žlice maslinovog ulja
- ½ žličice mljevene kurkume
- 1½ žličice mljevene pimente
- 1½ žličice mljevenog cimeta
- 1 žličica šećera
- 1½ šalice / 350 ml vode
- sol i svježe mljeveni crni papar

UPUTE

a) Stavite leću u manji lonac, podlijte s puno vode, pustite da zakipi i kuhajte 12 do 15 minuta, dok leća ne omekša, ali još uvijek malo gricka. Ocijedite i ostavite sa strane.

b) Luk ogulite i sitno narežite. Stavite na veliki ravni tanjur, pospite brašnom i 1 žličicom soli i dobro promiješajte rukama. Zagrijte suncokretovo ulje u loncu srednje debelog dna na visokoj vatri. Uvjerite se da je ulje vruće bacivši mali komad luka; trebao bi snažno cvrčati. Smanjite vatru na srednje jaku i oprezno (može pljunuti!) dodajte trećinu narezanog luka. Pržite 5 do 7 minuta uz povremeno miješanje rešetkastom žlicom dok luk ne poprimi lijepu zlatnosmeđu boju i postane hrskav (temperaturu namjestite da se luk prebrzo ne prži i zagori). Žlicom prebacite luk u cjedilo obloženo papirnatim ručnicima i pospite s još malo soli. Učinite isto s druge dvije serije luka; dodajte još malo ulja ako je potrebno.

c) Posudu u kojoj ste pržili luk očistite i stavite kumin i korijander. Stavite na srednju vatru i pržite sjemenke minutu ili dvije. Dodajte rižu, maslinovo ulje, kurkumu, piment, cimet, šećer, ½ žličice soli i dosta crnog papra. Promiješajte da se riža prekrije uljem pa dodajte kuhanu leću i vodu. Zakuhajte, poklopite poklopcem i kuhajte na vrlo laganoj vatri 15 minuta.

d) Maknite s vatre, podignite poklopac i brzo pokrijte posudu čistom kuhinjskom krpom. Dobro zatvorite poklopcem i ostavite sa strane 10 minuta.
e) Na kraju u rižu i leću dodajte pola prepreženog luka i lagano promiješajte vilicom. Stavite smjesu u plitku zdjelu za posluživanje i pospite ostatkom luka.

33. Na'amin fattoush

Proizvodi: 6

SASTOJCI
- 1 šalica / 200 g grčkog jogurta i ¾ šalice plus 2 žlice / 200 ml punomasnog mlijeka ili 1⅔ šalice / 400 ml mlaćenice (zamjenjuje i jogurt i mlijeko)
- 2 velika stara turska somuna ili naan (9 oz / 250 g ukupno)
- 3 velike rajčice (ukupno 380 g), narezane na kockice od ⅔ inča / 1,5 cm
- 3½ oz / 100 g rotkvica, tanko narezanih
- 3 libanonska ili mini krastavca (9 oz / 250 g ukupno), oguljena i nasjeckana na kockice od ⅔ inča / 1,5 cm
- 2 zelena luka, tanko narezana
- 15 g svježe mente
- 1 oz / 25 g plosnatog peršina, grubo nasjeckanog
- 1 žlica sušene metvice
- 2 češnja češnjaka, zgnječena
- 3 žlice svježe iscijeđenog soka od limuna
- ¼ šalice / 60 ml maslinovog ulja, plus dodatno za prelijevanje
- 2 žlice jabukovače ili bijelog vinskog octa
- ¾ žličice svježe mljevenog crnog papra
- 1½ žličice soli
- 1 žlica sumaka ili više po ukusu, za ukrašavanje

UPUTE

a) Ako koristite jogurt i mlijeko, počnite najmanje 3 sata pa do dan ranije tako da oboje stavite u zdjelu. Dobro umutiti i ostaviti na hladnom mjestu ili u frižideru dok se ne stvore mjehurići na površini. Dobijate neku vrstu domaće mlaćenice, ali manje kisele.

b) Natrgajte kruh na komade veličine zalogaja i stavite u veliku zdjelu za miješanje. Dodajte svoju mješavinu fermentiranog jogurta ili komercijalnu mlaćenicu, zatim ostale sastojke, dobro promiješajte i ostavite 10 minuta da se svi okusi sjedine.

c) Žlicom stavite mast u zdjelice za posluživanje, pokapajte s malo maslinovog ulja i obilato ukrasite sumakom.

34. Baby salata od špinata s datuljama i bademima

Proizvodi: 4

SASTOJCI
- 1 žlica bijelog vinskog octa
- ½ srednjeg crvenog luka, tanko narezanog
- 3½ oz / 100 g Medjool datulja bez koštica, uzdužno narezana na četvrtine
- 2 žlice / 30 g neslanog maslaca
- 2 žlice maslinovog ulja
- 2 male pita, oko 3½ oz / 100 g, grubo natrgane na komade od 1½ inča / 4 cm
- ½ šalice / 75 g cijelih neslanih badema, grubo nasjeckanih
- 2 žličice sumaka
- ½ žličice čili pahuljica
- 5 oz / 150 g mladog lišća špinata
- 2 žlice svježe iscijeđenog soka od limuna
- sol

UPUTE
a) U manju posudu stavite ocat, luk i datulje. Dodajte prstohvat soli i dobro promiješajte rukama. Ostavite da se marinira 20 minuta, zatim ocijedite sav preostali ocat i bacite ga.

b) U međuvremenu zagrijte maslac i pola maslinovog ulja u srednjoj tavi na srednje jakoj vatri. Dodajte pitu i bademe i kuhajte 4 do 6 minuta, cijelo vrijeme miješajući, dok pita ne postane hrskava i zlatno smeđa. Maknite s vatre i umiješajte ruj, pahuljice čilija i ¼ žličice soli. Ostaviti sa strane da se ohladi.

c) Kad ste spremni za posluživanje, u veliku zdjelu za miješanje pomiješajte listove špinata s pita smjesom. Dodajte datulje i crveni luk, preostalo maslinovo ulje, limunov sok i još jedan prstohvat soli. Probajte začine i odmah poslužite.

35. Pečena butternut tikva sa za'atarom

Proizvodi: 4

SASTOJCI

- 1 velika butternut tikva (2½ lb / 1,1 kg ukupno), izrezana na ¾ x 2½ inča / 2 x 6 cm klinova
- 2 glavice crvenog luka, narezane na kriške od 1¼ inča / 3 cm
- 3½ žlice / 50 ml maslinovog ulja
- 3½ žlice svijetle tahini paste
- 1½ žlice soka od limuna
- 2 žlice vode
- 1 mali češanj češnjaka, zgnječen
- 3½ žlice / 30 g pinjola
- 1 žlica za'atara
- 1 žlica krupno nasjeckanog plosnatog peršina
- Maldonska morska sol i svježe mljeveni crni papar

UPUTE

a) Zagrijte pećnicu na 475°F / 240°C.
b) Stavite tikvicu i luk u veliku zdjelu za miješanje, dodajte 3 žlice ulja, 1 žličicu soli i malo crnog papra i dobro promiješajte. Raširite na lim s korom prema dolje i pecite u pećnici 30 do 40 minuta dok povrće ne poprimi boju i ne bude pečeno. Pripazite na luk jer bi se mogao skuhati brže od tikve i treba ga ranije izvaditi. Izvaditi iz pećnice i ostaviti da se ohladi.
c) Da biste napravili umak, stavite tahini u malu zdjelu zajedno s limunovim sokom, vodom, češnjakom i ¼ žličice soli. Miješajte dok umak ne bude konzistencije meda, dodajte još vode ili tahinija ako je potrebno.
d) Ulijte preostalih 1½ žličice ulja u malu tavu i stavite je na srednje nisku vatru. Dodajte pinjole zajedno s ½ žličice soli i kuhajte 2 minute, često miješajući, dok orasi ne porumene. Maknite s vatre i premjestite orahe i ulje u malu zdjelu kako biste zaustavili kuhanje.
e) Za posluživanje rasporedite povrće po velikom pladnju za posluživanje i pokapajte preko tahinija. Po vrhu pospite pinjole i njihovo ulje, zatim za'atar i peršin.

36.Salata od miješanog graha

Proizvodi: 4

SASTOJCI

- 10 oz / 280 g žutog graha, očišćenog (ako ga nema, udvostručite količinu zelenog graha)
- 10 oz / 280 g zelenog graha, očišćenog
- 2 crvene paprike, narezane na trake od ¼ inča / 0,5 cm
- 3 žlice maslinovog ulja, plus 1 žličica za paprike
- 3 češnja češnjaka, tanko narezana
- 6 žlica / 50 g kapara, isprati i osušiti tapkanjem
- 1 žličica sjemenki kumina
- 2 žličice sjemenki korijandera
- 4 zelena luka, tanko narezana
- ⅓ šalice / 10 g krupno nasjeckanog estragona
- ⅔ šalice / 20 g ubranih listova češnje (ili mješavine ubranog kopra i nasjeckanog peršina)
- ribana korica 1 limuna
- sol i svježe mljeveni crni papar

UPUTE

a) Zagrijte pećnicu na 450°F / 220°C.
b) Zakuhajte veću tavu s puno vode i dodajte žuti grah. Nakon 1 minute dodajte mahune i kuhajte još 4 minute, odnosno dok grah ne bude kuhan, ali još uvijek hrskav. Osvježite pod ledeno hladnom vodom, ocijedite, osušite i stavite u veliku zdjelu za miješanje.
c) U međuvremenu, bacite paprike na 1 žličicu ulja, rasporedite po limu za pečenje i stavite u pećnicu na 5 minuta, ili dok ne omekšaju. Izvadite iz pećnice i dodajte u zdjelu s kuhanim grahom.
d) Zagrijte 3 žlice maslinovog ulja u malom loncu. Dodajte češnjak i kuhajte 20 sekundi; dodajte kapare (pazite, pljuju!) i pržite još 15 sekundi. Dodajte kumin i sjemenke korijandera i nastavite pržiti još 15 sekundi. Češnjak je već trebao postati zlatan. Maknite s vatre i sadržaj tave odmah prelijte preko graha. Pomiješajte i dodajte zeleni luk, začinsko bilje, koricu limuna, izdašnu ¼ žličice soli i crni papar.
e) Poslužite ili držite u hladnjaku do jedan dan. Samo ne zaboravite vratiti na sobnu temperaturu prije posluživanja.

37. Salata od korjenastog povrća s labnehom

Proizvodi: 6

SASTOJCI
- 3 srednje cikle (1 lb / 450 g ukupno)
- 2 srednje mrkve (9 oz / 250 g ukupno)
- ½ korijena celera (300 g ukupno)
- 1 srednja korabica (9 oz / 250 g ukupno)
- 4 žlice svježe iscijeđenog soka od limuna
- 4 žlice maslinovog ulja
- 3 žlice sherry octa
- 2 žličice super finog šećera
- ¾ šalice / 25 g lišća cilantra, grubo nasjeckanog
- ¾ šalice / 25 g listova metvice, nasjeckanih
- ⅔ šalice / 20 g plosnatog lišća peršina, grubo nasjeckanog
- ½ žlice naribane korice limuna
- 1 šalica / 200 g labneha (kupite u trgovini ili pogledajte recept)
- sol i svježe mljeveni crni papar
- Ogulite svo povrće i narežite ga na tanke ploške, otprilike 1/16 malog ljutog čilija, sitno nasjeckanog

UPUTE
a) Stavite limunov sok, maslinovo ulje, ocat, šećer i 1 žličicu soli u malu tavu. Pustite da lagano kuha i miješajte dok se šećer i sol ne otope. Maknite s vatre.

b) Ocijedite trakice povrća i prebacite na papirnati ubrus da se dobro osuše. Osušite zdjelu i zamijenite povrće. Vrući dresing prelijte preko povrća, dobro promiješajte i ostavite da se ohladi. Stavite u hladnjak na najmanje 45 minuta.

c) Kada ste spremni za posluživanje, dodajte začinsko bilje, koricu limuna i 1 žličicu crnog papra u salatu. Dobro promiješajte, kušajte i po potrebi dodajte još soli. Stavite na tanjure za posluživanje i poslužite s malo labneha sa strane.

38. Pržene rajčice s češnjakom

Čini: 2 do 4

SASTOJCI
- 3 velika češnja češnjaka, zgnječena
- ½ malog ljutog čilija, sitno nasjeckanog
- 2 žlice nasjeckanog plosnatog peršina
- 3 velike, zrele, ali čvrste rajčice (ukupno oko 1 lb / 450 g)
- 2 žlice maslinovog ulja
- Maldonska morska sol i svježe mljeveni crni papar
- rustikalni kruh, za posluživanje

UPUTE
a) Pomiješajte češnjak, čili i nasjeckani peršin u maloj posudi i ostavite sa strane. Rajčice na vrh i rep i narežite okomito na ploške debljine oko ⅔ inča / 1,5 cm.
b) Zagrijte ulje u velikoj tavi na srednje jakoj vatri. Dodajte ploške rajčice, začinite solju i paprom, te kuhajte oko 1 minutu, zatim preokrenite, ponovno začinite solju i paprom i pospite mješavinom češnjaka. Nastavite kuhati još oko minutu, povremeno protresajući tavu, zatim ponovno okrenite kriške i kuhajte još nekoliko sekundi, dok ne postanu mekane, ali ne i kašaste.
c) Preokrenite rajčice na tanjur za posluživanje, prelijte sokom iz tave i odmah poslužite uz kruh.

39. Pržena cvjetača s tahinijem

Proizvodi: 6

SASTOJCI

- 2 šalice / 500 ml suncokretovog ulja
- 2 srednje glavice cvjetače (2¼ lb / 1 kg ukupno), podijeljene na male cvjetiće
- 8 glavica mladog luka, svaki podijeljen na 3 dugačka segmenta
- ¾ šalice / 180 g svijetle tahini paste
- 2 češnja češnjaka, zgnječena
- ¼ šalice / 15 g ravnog lista peršina, nasjeckanog
- ¼ šalice / 15 g nasjeckane mente, plus dodatak za kraj
- ⅔ šalice / 150 g grčkog jogurta
- ¼ šalice / 60 ml svježe iscijeđenog soka od limuna, plus naribana korica od 1 limuna
- 1 žličica melase od nara, plus još za kraj
- oko ¾ šalice / 180 ml vode
- Maldonska morska sol i svježe mljeveni crni papar

UPUTE

a) Zagrijte suncokretovo ulje u velikom loncu na srednje jakoj vatri. Metalnim hvataljkama ili metalnom žlicom pažljivo stavljajte nekoliko cvjetova cvjetače odjednom u ulje i kuhajte ih 2 do 3 minute, okrećući ih da se ravnomjerno oboje. Kad porumene, rešetkastom žlicom izvadite cvjetiće u cjedilo da se ocijede. Pospite s malo soli. Nastavite u serijama dok ne potrošite sav karfiol. Zatim pržite zeleni luk u serijama, ali samo oko 1 minutu. Dodati cvjetači. Ostavite oboje da se malo ohlade.

b) Ulijte tahini pastu u veliku zdjelu za miješanje i dodajte češnjak, nasjeckano začinsko bilje, jogurt, limunov sok i koricu, melasu od nara te malo soli i papra. Dobro promiješajte drvenom kuhačom dok dodajete vodu. Tahini umak će se zgusnuti, a zatim olabaviti dok dodajete vodu. Nemojte dodavati previše, tek toliko da dobijete gustu, a opet glatku, tekuću konzistenciju, pomalo poput meda.

c) Dodajte cvjetaču i mladi luk u tahini i dobro promiješajte. Kušajte i prilagodite začine. Također možete dodati još soka od limuna.

d) Za posluživanje, žlicom stavite u zdjelu za posluživanje i završite s nekoliko kapi melase od nara i malo mente.

40. Tabule

Čini: 4 VELIKOdušno

SASTOJCI
- ½ šalice / 30 g finog bulgur pšenice
- 2 velike rajčice, zrele ali čvrste (10½ oz / 300 g ukupno)
- 1 ljutika, sitno nasjeckana (3 žlice / 30 g ukupno)
- 3 žlice svježe iscijeđenog soka od limuna, plus malo više za kraj
- 4 velike vezice ravnog peršina (5½ oz / 160 g ukupno)
- 2 vezice mente (ukupno 30 g)
- 2 žličice mljevene pimente
- 1 žličica baharat mješavine začina (kupite u trgovini ili pogledajte recept)
- ½ šalice / 80 ml vrhunskog maslinovog ulja
- sjemenke oko ½ velikog nara (½ šalice / 70 g ukupno), po želji
- sol i svježe mljeveni crni papar

UPUTE
a) Stavite bulgur u fino sito i pustite ga pod hladnom vodom dok voda koja izlazi ne postane bistra i dok se većina škroba ne ukloni. Prebacite u veliku zdjelu za miješanje.

b) Malim nazubljenim nožem narežite rajčice na kriške debljine ¼ inča / 0,5 cm. Izrežite svaku krišku na trake od ¼ inča / 0,5 cm, a zatim na kockice. Dodajte rajčice i njihove sokove u zdjelu, zajedno sa ljutikom i limunovim sokom i dobro promiješajte.

c) Uzmite nekoliko grančica peršina i čvrsto ih skupite. Koristite veliki, vrlo oštar nož da odrežete većinu stabljika i odbacite. Sada upotrijebite nož za pomicanje stabljika i lišća, postupno "hraneći" nož kako biste nasjeckali peršin što sitnije možete i pokušavajući izbjeći rezanje komada širih od 1/16 inča / 1 mm. Dodajte u zdjelu.

d) Listove metvice skinite sa stabljika, nekoliko ih čvrsto skupite i sitno nasjeckajte kao što ste učinili peršin; nemojte ih previše usitniti jer mogu izgubiti boju. Dodajte u zdjelu.

e) Na kraju dodajte alevu papriku, baharat, maslinovo ulje, šipak, ako koristite, te malo soli i papra. Probajte i po želji dodajte još soli i papra, eventualno malo limunovog soka i poslužite.

41.Sabih

Proizvodi: 4

SASTOJCI
- 2 velika patlidžana (ukupno oko 1⅔ lb / 750 g)
- oko 1¼ šalice / 300 ml suncokretovog ulja
- 4 kriške kvalitetnog bijelog kruha, prepečenog ili svježe i vlažne mini pita
- 1 šalica / 240 ml Tahini umaka
- 4 velika jaja iz slobodnog uzgoja, tvrdo kuhana, oguljena i narezana na kriške debljine ⅜ inča / 1 cm ili na četvrtine
- oko 4 žlice Zhoug
- amba ili slani mango kiseli krastavac (po želji)
- sol i svježe mljeveni crni papar

SJECKANA SALATA
- 2 srednje zrele rajčice, narezane na kockice od ⅜ inča / 1 cm (oko 1 šalica / 200 g ukupno)
- 2 mala krastavca, izrezana na kockice od ⅜ inča / 1 cm (oko 1 šalica / 120 g ukupno)
- 2 zelena luka, tanko narezana
- 1½ žlice nasjeckanog plosnatog peršina
- 2 žličice svježe iscijeđenog soka od limuna
- 1½ žlice maslinovog ulja

UPUTE

a) Gulilicom za povrće ogulite trake patlidžana od vrha prema dolje, ostavljajući patlidžane s izmjeničnim trakama crne kožice i bijelog mesa, poput zebraste boje. Oba patlidžana narežite po širini na kriške debljine 2,5 cm. Pospite ih s obje strane solju, zatim ih raširite na lim za pečenje i ostavite da odstoje barem 30 minuta kako bi skinuli malo vode. Za brisanje koristite papirnate ručnike.

b) U širokoj tavi zagrijte suncokretovo ulje. Pažljivo – kaplje ulje – pržite kriške patlidžana u serijama dok ne postanu lijepe i potamne, okrećući jednom, ukupno 6 do 8 minuta. Dodajte ulje ako je potrebno dok kuhate šarže. Kad su gotovi, komadići patlidžana trebaju biti potpuno mekani u sredini. Izvadite iz posude i ocijedite na papirnatim ubrusima.

c) Sjeckanu salatu napravite tako da sve sastojke pomiješate i začinite solju i paprom po ukusu.
d) Neposredno prije posluživanja na svaki tanjur stavite 1 šnitu kruha ili pita. Žlicom nanesite 1 žlicu tahini umaka na svaku krišku, zatim rasporedite kriške patlidžana na vrh, preklapajući se. Prelijte još malo tahinija, ali bez potpunog pokrivanja kriški patlidžana. Svaku krišku jajeta posolite i popaprite i posložite preko patlidžana. Pokapajte još malo tahinija na vrh i žlicom dodajte onoliko zhouga koliko želite; budi oprezan, vruće je! Žlicom dodajte i kiseli krastavac manga, ako želite. Poslužite salatu od povrća sa strane, po želji žlicom stavite malo na vrh svake porcije.

JUHE

42.Shorbat Khodar (juha od povrća)

SASTOJCI:
- 1 glavica luka nasjeckana
- 2 mrkve, narezane na kockice
- 2 tikvice, narezane na kockice
- 1 krumpir, narezan na kockice
- 1/2 šalice zelenog graha, nasjeckanog
- 1/4 šalice leće
- 1 žličica mljevenog kima
- 1 žličica mljevenog korijandera
- 6 šalica juhe od povrća
- Svježi peršin, nasjeckani (za ukras)
- Maslinovo ulje za podlijevanje
- Posolite i popaprite po ukusu

UPUTE:
a) U loncu pirjajte luk dok ne postane proziran.
b) Dodajte mrkvu, tikvice, krumpir, mahune, leću, kumin i korijander. Dobro promiješati.
c) Ulijte povrtnu juhu i zakuhajte. Smanjite vatru i pirjajte dok povrće ne omekša.
d) Posolite i popaprite. Prije posluživanja ukrasite svježim peršinom i pokapajte maslinovim uljem.

43. Šurbah od povrća

SASTOJCI:
- 2 žlice biljnog ulja
- 1 glavica luka sitno nasjeckana
- 2 mrkve oguljene i narezane na kockice
- 2 krumpira oguljena i narezana na kockice
- 1 tikvica, narezana na kockice
- 1 šalica zelenog graha, nasjeckanog
- 2 rajčice, narezane na kockice
- 3 češnja češnjaka, nasjeckana
- 1 žličica mljevenog kima
- 1 žličica mljevenog korijandera
- 1 žličica mljevene kurkume
- Posolite i popaprite po ukusu
- 6 šalica juhe od povrća
- 1/2 šalice vermicelli ili male tjestenine
- Svježi peršin za ukras

UPUTE:
a) U velikom loncu zagrijte biljno ulje na srednje jakoj vatri. Dodajte nasjeckani luk i nasjeckani češnjak, pirjajte dok ne omekšaju.
b) U lonac dodajte mrkvu narezanu na kockice, krumpir, tikvicu, mahune i rajčicu. Kuhajte oko 5 minuta uz povremeno miješanje.
c) Po povrću pospite mljeveni kumin, korijander, kurkumu, sol i papar. Dobro promiješajte da se povrće prekrije začinima.
d) Ulijte juhu od povrća i zakuhajte smjesu. Kad zavrije, smanjite vatru i pustite da kuha oko 15-20 minuta ili dok povrće ne omekša.
e) U lonac dodajte vermicelli ili sitnu tjesteninu i kuhajte prema uputama na pakiranju dok ne budu al dente.
f) Po potrebi prilagodite začine i pustite da juha kuha još 5 minuta kako bi se okusi stopili.
g) Poslužite vruće, ukrašeno svježim peršinom.

44. Juha od potočarke i slanutka s ružinom vodicom

SASTOJCI:

- 2 srednje mrkve (ukupno 250 g), narezane na kockice od ¾ inča / 2 cm
- 3 žlice maslinovog ulja
- 2½ žličice ras el hanouta
- ½ žličice mljevenog cimeta
- 1½ šalice / 240 g kuhanog slanutka, svježeg ili konzerviranog
- 1 srednji luk, narezan na tanke ploške
- 2½ žlice / 15 g oguljenog i sitno nasjeckanog svježeg đumbira
- 2½ šalice / 600 ml temeljca od povrća
- 7 oz / 200 g potočarke
- 3½ oz / 100 g listova špinata
- 2 žličice super finog šećera
- 1 žličica ružine vodice
- sol
- Grčki jogurt, za posluživanje (po želji)
- Zagrijte pećnicu na 425°F / 220°C.

UPUTE

a) Pomiješajte mrkvu s 1 žlicom maslinovog ulja, ras el hanoutom, cimetom i velikim prstohvatom soli i ravnomjerno rasporedite u lim za pečenje obložen papirom za pečenje. Staviti u pećnicu na 15 minuta, zatim dodati polovicu slanutka, dobro promiješati i kuhati još 10 minuta, dok mrkva ne omekša, ali ostane zalogaj.

b) U međuvremenu stavite luk i đumbir u veliki lonac. Pirjajte na preostalom maslinovom ulju oko 10 minuta na srednje jakoj vatri, dok luk potpuno ne omekša i ne porumeni. Dodajte preostali slanutak, temeljac, krešu, špinat, šećer i ¾ žličice soli, dobro promiješajte i pustite da zavrije. Kuhajte minutu-dvije, samo dok listovi ne uvenu.

c) Kuhačom za hranu ili blenderom miksajte juhu dok ne postane glatka. Dodajte ružinu vodicu, promiješajte, kušajte i po želji dodajte još soli ili ružine vodice. Ostavite sa strane dok mrkva i slanutak ne budu spremni, a zatim zagrijte za posluživanje.

d) Za posluživanje podijelite juhu u četiri zdjelice i prelijte vrućom mrkvom i slanutkom i, ako želite, oko 2 žličice jogurta po porciji.

45. od jogurta i ječma

SASTOJCI:
- 6¾ šalice / 1,6 litara vode
- 1 šalica / 200 g bisernog ječma
- 2 srednje glavice luka, sitno nasjeckane
- 1½ žličice sušene metvice
- 4 žlice / 60 g neslanog maslaca
- 2 velika jaja, istučena
- 2 šalice / 400 g grčkog jogurta
- ⅔ oz / 20 g svježe metvice, nasjeckane
- ⅓ oz / 10 g ravnog peršina, nasjeckanog
- 3 zelena luka, tanko narezana
- sol i svježe mljeveni crni papar

UPUTE
a) Zakuhajte vodu s ječmom u velikom loncu, dodajte 1 žličicu soli i kuhajte dok ječam ne bude kuhan, ali još uvijek al dente, 15 do 20 minuta. Maknite s vatre. Nakon kuhanja, trebat će vam 4¾ šalice / 1,1 litara tekućine za kuhanje juhe; dolijte vode ako vam ostane manje zbog isparavanja.

b) Dok se ječam kuha, pirjajte luk i sušenu metvicu na srednjoj vatri na maslacu dok ne omekšaju, oko 15 minuta. To dodajte kuhanom ječmu.

c) Umutite jaja i jogurt u velikoj zdjeli otpornoj na toplinu. Polako umiješajte malo ječma i vode, jednu po jednu žlicu, dok se jogurt ne zagrije. To će ublažiti jogurt i jaja i spriječiti njihovo cijepanje kada se dodaju u vruću tekućinu.

d) Dodajte jogurt u lonac za juhu i vratite na srednju vatru, neprestano miješajući, dok juha ne zakuha. Maknite s vatre, dodajte nasjeckano začinsko bilje i mladi luk te provjerite začinjenost.

e) Poslužite vruće.

46.Juha od pistacija

SASTOJCI:
- 2 žlice kipuće vode
- ¼ žličice šafrana
- 1⅔ šalice / 200 g oljuštenih neslanih pistacija
- 2 žlice / 30 g neslanog maslaca
- 4 ljutike, sitno nasjeckane (3½ oz / 100 g ukupno)
- 25 g đumbira, oguljenog i sitno nasjeckanog
- 1 poriluk, sitno nasjeckan (1¼ šalice / 150 g ukupno)
- 2 žličice mljevenog kumina
- 3 šalice / 700 ml temeljca od povrća
- ⅓ šalice / 80 ml svježe iscijeđenog soka od naranče
- 1 žlica svježe iscijeđenog soka od limuna
- sol i svježe mljeveni crni papar
- kiselo vrhnje, za posluživanje

UPUTE:

a) Zagrijte pećnicu na 350°F / 180°C. Šafranove niti u maloj šalici prelijte kipućom vodom i ostavite da odstoji 30 minuta.

b) Za uklanjanje kore pistacija, orašaste plodove blanširajte u kipućoj vodi 1 minutu, ocijedite i dok su još vrući, pritiskajući orahe prstima skinite im kore. Neće se skinuti sva kora kao kod badema—to je u redu jer neće utjecati na juhu—ali uklanjanje kore poboljšat će boju, čineći je svijetlije zelenom. Rasporedite pistacije po limu za pečenje i pecite u pećnici 8 minuta. Izvaditi i ostaviti da se ohladi.

c) Zagrijte maslac u velikom loncu i dodajte ljutiku, đumbir, poriluk, kumin, ½ žličice soli i malo crnog papra. Pirjajte na srednjoj vatri 10 minuta uz često miješanje dok ljutika potpuno ne omekša. Dodajte temeljac i polovicu tekućine od šafrana. Poklopite posudu, smanjite vatru i ostavite da se juha kuha 20 minuta.

d) Stavite sve osim 1 žlice pistacija u veliku zdjelu zajedno s polovicom juhe. Upotrijebite ručnu miješalicu za miješanje dok ne postane glatka, a zatim je vratite u posudu za umake. Dodajte sok od naranče i limuna, ponovno zagrijte i kušajte kako biste prilagodili začine.

e) Za posluživanje krupno nasjeckajte sačuvane pistacije. Vruću juhu prebacite u zdjelice i prelijte žlicom kiselog vrhnja. Pospite pistaćima i pokapajte preostalom tekućinom od šafrana.

47. Zagoreni patlidžan i Mograbieh juha

SASTOJCI:
- 5 malih patlidžana (ukupno oko 2½ lb / 1,2 kg)
- suncokretovo ulje, za prženje
- 1 glavica luka, narezana na ploške (oko 1 šalica / 125 g ukupno)
- 1 žlica sjemenki kumina, svježe samljevenih
- 1½ žličice paste od rajčice
- 2 velike rajčice (ukupno 350 g), oguljene i narezane na kockice
- 1½ šalice / 350 ml temeljca od povrća
- 1⅔ šalice / 400 ml vode
- 4 češnja češnjaka, zgnječena
- 2½ žličice šećera
- 2 žlice svježe iscijeđenog soka od limuna
- ⅓ šalice / 100 g mograbieha ili alternativa, kao što je maftoul, fregola ili divovski kus-kus (pogledajte odjeljak o kus-kusu)
- 2 žlice nasjeckanog bosiljka ili 1 žlica nasjeckanog kopra, po želji
- sol i svježe mljeveni crni papar

UPUTE:
a) Započnite spaljivanjem tri patlidžana. Da biste to učinili, slijedite upute za Zagoreni patlidžan s češnjakom, limunom i sjemenkama nara.
b) Preostale patlidžane narežite na kockice od ⅔ inča / 1,5 cm. Zagrijte oko ⅔ šalice / 150 ml ulja u velikom loncu na srednje jakoj vatri. Kad se zagrije dodajte kockice patlidžana. Pržite 10 do 15 minuta, često miješajući, dok posvuda ne dobije boju; po potrebi dodajte još malo ulja da uvijek ima ulja u tavi. Patlidžan izvadite, stavite u cjedilo da se ocijedi i pospite solju.
c) Neka vam u tavi ostane otprilike 1 žlica ulja, zatim dodajte luk i kumin i pirjajte oko 7 minuta, često miješajući. Dodajte pastu od rajčice i kuhajte još jednu minutu prije nego što dodate rajčice, temeljac, vodu, češnjak, šećer, limunov sok, 1½ žličice soli i malo crnog papra. Lagano kuhajte 15 minuta.
d) U međuvremenu zakuhajte mali lonac slane vode i dodajte mograbieh ili alternativu. Kuhajte dok ne postane al dente; ovo će se razlikovati ovisno o marki, ali bi trebalo trajati 15 do 18

minuta (provjerite paket). Ocijedite i osvježite pod hladnom vodom.
e) Zagoreno meso patlidžana prebacite u juhu i ručnom miješalicom izmiksajte u glatku tekućinu. Dodajte mograbie i pržene patlidžane, ostavite malo za ukras na kraju i pirjajte još 2 minute. Kušajte i prilagodite začine. Poslužite vruće, sa sačuvanim mograbiehom i prženim patlidžanom na vrhu i ukrašenim bosiljkom ili koprom, ako želite.

48. Juha od rajčice i kiselog tijesta

SASTOJCI:
- 2 žlice maslinovog ulja, plus još za kraj
- 1 veliki luk, nasjeckani (1⅔ šalice / 250 g ukupno)
- 1 žličica sjemenki kumina
- 2 češnja češnjaka, zgnječena
- 3 šalice / 750 ml temeljca od povrća
- 4 velike zrele rajčice, nasjeckane (4 šalice / 650 g ukupno)
- jedna limenka nasjeckanih talijanskih rajčica od 14 oz / 400 g
- 1 žlica najfinijeg šećera
- 1 kriška kruha od kiselog tijesta (1½ oz / 40 g ukupno)
- 2 žlice nasjeckanog cilantra, plus još za kraj
- sol i svježe mljeveni crni papar

UPUTE:

a) Zagrijte ulje u srednje jakoj tavi i dodajte luk. Pirjajte oko 5 minuta, često miješajući, dok luk ne postane proziran. Dodajte kumin i češnjak te pržite 2 minute. Ulijte temeljac, obje vrste rajčice, šećer, 1 žličicu soli i dobro mljeveni crni papar.

b) Juhu lagano prokuhajte i kuhajte 20 minuta, a na pola kuhanja dodajte kruh narezan na komade.

c) Na kraju dodajte cilantro i zatim miksajte mikserom u nekoliko mahova tako da se rajčice raspadnu, ali još uvijek budu malo grube i zdepaste. Juha treba biti dosta gusta; dodajte malo vode ako je u ovom trenutku pregusto. Poslužite pokapano uljem i posuto svježim cilantrom.

SALATE

49. Salata od rajčice i krastavaca

SASTOJCI:
- 4 rajčice, narezane na kockice
- 2 krastavca, narezana na kockice
- 1 glavica crvenog luka sitno nasjeckana
- 1 zeleni čili, sitno nasjeckan
- Svježi korijander, nasjeckan
- Sok od 2 limuna
- Posolite i popaprite po ukusu

UPUTE:
a) Pomiješajte rajčice, krastavce, crveni luk, zeleni čili i korijander u zdjeli.
b) Dodajte limunov sok, sol i papar. Promiješajte da se sjedini.
c) Ohladite u hladnjaku sat vremena prije posluživanja.

50.Salata od slanutka (Salatat Hummus)

SASTOJCI:
- 2 šalice kuhanog slanutka
- 1 krastavac, narezan na kockice
- 1 rajčica, narezana na kockice
- 1/2 crvenog luka, sitno nasjeckanog
- 1/4 šalice nasjeckane svježe metvice
- 1/4 šalice nasjeckanog svježeg peršina
- Sok od 1 limuna
- 2 žlice maslinovog ulja
- Sol i papar, po ukusu

UPUTE:
a) U zdjeli pomiješajte slanutak, krastavac, rajčicu, crveni luk, metvicu i peršin.
b) Pokapati limunovim sokom i maslinovim uljem.
c) Posolite i popaprite.
d) Salatu dobro promiješajte i poslužite ohlađenu.

51. Tabule salata

SASTOJCI:
- 1 šalica bulgur pšenice, namočene u vrućoj vodi 1 sat
- 2 šalice svježeg peršina, sitno nasjeckanog
- 1 šalica svježeg lišća metvice, sitno nasjeckanog
- 4 rajčice, sitno narezane na kockice
- 1 krastavac, sitno narezan
- 1/2 šalice crvenog luka, sitno nasjeckanog
- Sok od 3 limuna
- Maslinovo ulje
- Posolite i popaprite po ukusu

UPUTE:
a) Ocijedite namočeni bulgur i stavite ga u veliku zdjelu.
b) Dodajte nasjeckani peršin, mentu, rajčice, krastavce i crveni luk.
c) U maloj zdjeli pomiješajte sok od limuna i maslinovo ulje. Preliti preko salate.
d) Posolite i popaprite. Dobro promiješajte i ostavite u hladnjaku najmanje 30 minuta prije posluživanja.

52. Salata Fattoush

SASTOJCI:
- 2 šalice miješane zelene salate (zelena salata, rikola, radič)
- 1 krastavac, narezan na kockice
- 2 rajčice, narezane na kockice
- 1 crvena paprika, nasjeckana
- 1/2 šalice rotkvica, narezanih
- 1/4 šalice svježeg lišća metvice, nasjeckanog
- 1/4 šalice svježeg peršina, nasjeckanog
- 1/4 šalice maslinovog ulja
- Sok od 1 limuna
- 1 žličica sumaka
- Posolite i popaprite po ukusu
- Pita kruh, prepečen i izlomljen na komade

UPUTE:
a) U velikoj zdjeli pomiješajte zelenu salatu, krastavce, rajčice, papriku, rotkvice, metvicu i peršin.
b) U maloj zdjeli pomiješajte maslinovo ulje, limunov sok, ruj, sol i papar.
c) Prelijte preljev preko salate i promiješajte da se sjedini.
d) Prije posluživanja pospite tostiranim komadima pita kruha.

53. Salata od cvjetače, graha i riže

SASTOJCI:
ZA SALATU:
- 1 šalica kuhane basmati riže, ohlađene
- 1 manja glavica cvjetače izrezana na cvjetiće
- 1 limenka (15 oz) graha, ocijeđenog i ispranog
- 1/2 šalice nasjeckanog svježeg peršina
- 1/4 šalice nasjeckanih listova svježe metvice
- 1/4 šalice narezanog mladog luka

ZA PRELJEV:
- 3 žlice maslinovog ulja
- 2 žlice soka od limuna
- 1 žličica mljevenog kima
- 1 žličica mljevenog korijandera
- Posolite i popaprite po ukusu

UPUTE:
a) Zagrijte pećnicu na 400°F (200°C).
b) Prelijte cvjetove cvjetače s malo maslinova ulja, soli i papra.
c) Raširite ih na lim za pečenje i pecite oko 20-25 minuta ili dok ne porumene i ne omekšaju. Ostavite da se ohladi.
d) Skuhajte basmati rižu prema uputama na pakiranju. Kad je kuhano, ostavite da se ohladi na sobnoj temperaturi.
e) U maloj posudi pomiješajte maslinovo ulje, limunov sok, mljeveni kumin, mljeveni korijander, sol i papar. Začine prilagodite svom ukusu.
f) U velikoj zdjeli za salatu pomiješajte ohlađenu rižu, pečenu cvjetaču, grah, nasjeckani peršin, nasjeckanu metvicu i narezani mladi luk.
g) Prelijte preljev preko sastojaka salate i lagano miješajte dok se sve dobro ne prekrije.
h) Ohladite salatu najmanje 30 minuta prije posluživanja kako bi se okusi stopili.
i) Poslužite ohlađeno i po želji ukrasite svježim začinskim biljem.

54. Salata od datulja i oraha

SASTOJCI:
- 1 šalica miješane zelene salate
- 1 šalica datulja, očišćenih od koštica i nasjeckanih
- 1/2 šalice nasjeckanih oraha
- 1/4 šalice feta sira, izmrvljenog
- Balsamic vinaigrette preljev

UPUTE:
a) Rasporedite zelenu salatu na tanjur za posluživanje.
b) Po zelju pospite nasjeckane datulje, orahe i izmrvljeni feta sir.
c) Prelijte balzamičnim vinaigrette preljevom.
d) Prije posluživanja lagano promiješajte.

55. Salata od mrkve i naranče

SASTOJCI:
- 4 šalice nasjeckane mrkve
- 2 naranče, oguljene i izrezane na segmente
- 1/4 šalice grožđica
- 1/4 šalice nasjeckanih pistacija
- Narančin vinaigrette preljev

UPUTE:
a) U velikoj zdjeli pomiješajte nasjeckanu mrkvu, segmente naranče, grožđice i pistacije.
b) Prelijte vinaigrette preljevom od naranče.
c) Dobro promiješajte i ostavite u hladnjaku najmanje 30 minuta prije posluživanja.

56.Salata od kvinoje

SASTOJCI:
- 1 šalica kuhane kvinoje
- 1 šalica cherry rajčica, prepolovljenih
- 1 krastavac, narezan na kockice
- 1/2 šalice feta sira, izmrvljenog
- 1/4 šalice Kalamata maslina, narezanih
- Svježi origano, nasjeckan
- Maslinovo ulje
- Crni vinski ocat
- Posolite i popaprite po ukusu

UPUTE:
a) U velikoj zdjeli pomiješajte kuhanu kvinoju, cherry rajčice, krastavac, feta sir, masline i svježi origano.
b) Prelijte maslinovim uljem i crnim vinskim octom.
c) Posolite i popaprite. Prije posluživanja lagano promiješajte.

57.Salata od cikle i jogurta

SASTOJCI:
- 2 cikle srednje veličine, kuhane i narezane na kockice
- 1 šalica jogurta
- 2 češnja češnjaka, mljevena
- Sol, po ukusu
- Nasjeckani listići mente za ukrašavanje

UPUTE:
a) U zdjeli pomiješajte ciklu narezanu na kockice i jogurt.
b) Dodajte mljeveni češnjak i sol, dobro promiješajte.
c) Ukrasite nasjeckanim listićima mente.
d) Ohladite prije posluživanja.

58. Salata od kupusa

SASTOJCI:
- 1 manji kupus sitno narezan
- 1 mrkva, naribana
- 1/2 šalice majoneze
- 1 žlica bijelog octa
- 1 žlica šećera
- Sol i papar, po ukusu

UPUTE:
a) U velikoj zdjeli pomiješajte nasjeckani kupus i naribanu mrkvu.
b) U posebnoj zdjeli pomiješajte majonezu, bijeli ocat, šećer, sol i papar za preljev.
c) Prelijte preljev preko mješavine kupusa i miješajte dok se dobro ne prekrije.
d) Ohladite prije posluživanja.

59. Salata od leće (Salatat oglasi)

SASTOJCI:
- 1 šalica kuhane smeđe leće
- 1 krastavac, narezan na kockice
- 1 rajčica, narezana na kockice
- 1 glavica crvenog luka sitno nasjeckana
- Svježi korijander, nasjeckan
- Maslinovo ulje
- Sok od limuna
- Mljeveni kim
- Sol i papar, po ukusu

UPUTE:
a) U zdjeli pomiješajte kuhanu leću, krastavac narezan na kockice, rajčicu narezanu na kockice i nasjeckani crveni luk.
b) Pokapati maslinovim uljem i limunovim sokom.
c) Pospite mljeveni kumin, svježi korijander, sol i papar.
d) Salatu lagano promiješajte i poslužite ohlađenu.

60.Začinjeni slanutak i salata od povrća

Proizvodi: 4

SASTOJCI
- ½ šalice / 100 g sušenog slanutka
- 1 žličica sode bikarbone
- 2 mala krastavca (10 oz / 280 g ukupno)
- 2 velike rajčice (10½ oz / 300 g ukupno)
- 8½ oz / 240 g rotkvica
- 1 crvena paprika, očišćena od sjemenki i rebarca
- 1 manji crveni luk, oguljen
- ⅔ oz / 20 g listova i stabljika cilantra, grubo nasjeckanih
- ½ oz / 15 g plosnatog peršina, grubo nasjeckanog
- 6 žlica / 90 ml maslinovog ulja
- naribana korica 1 limuna, plus 2 žlice soka
- 1½ žlice sherry octa
- 1 češanj češnjaka, zgnječen
- 1 žličica super finog šećera
- 1 žličica mljevenog kardamoma
- 1½ žličice mljevene pimente
- 1 žličica mljevenog kumina
- grčki jogurt (po želji)
- sol i svježe mljeveni crni papar

UPUTE

a) Osušeni slanutak namočite preko noći u velikoj zdjeli s puno hladne vode i sode bikarbone. Sljedeći dan ocijedite, stavite u veliki lonac i prelijte vodom dvostrukom količinom od količine slanutka. Pustite da zavrije i kuhajte na laganoj vatri, skidajući pjenu, oko sat vremena, dok potpuno ne omekša, zatim ocijedite.

b) Narežite krastavac, rajčicu, rotkvicu i papriku na kockice od ⅔-inča / 1,5 cm; narežite luk na kockice od ¼ inča / 0,5 cm. Sve zajedno pomiješajte u zdjeli s cilantrom i peršinom.

c) U staklenci ili posudi koja se može zatvoriti, pomiješajte 5 žlica / 75 ml maslinovog ulja, limunov sok i koricu, ocat, češnjak i šećer i dobro promiješajte da dobijete preljev, zatim začinite solju i paprom po ukusu. Prelijte dressing preko salate i lagano promiješajte.

d) Pomiješajte kardamom, piment, kumin i ¼ žličice soli i rasporedite po tanjuru. Ubacite kuhani slanutak u mješavinu začina u nekoliko serija da se dobro prekrije. U tavi na srednje jakoj vatri zagrijte preostalo maslinovo ulje i lagano pržite slanutak 2 do 3 minute, lagano tresući tavu da se ravnomjerno ispeče i ne zalijepi. Držite na toplom.

e) Podijelite salatu na četiri tanjura, složite je u veliki krug, a na vrh žlicom posipajte topli začinjeni slanutak, a rub salate neka bude čist. Na vrh možete pokapati malo grčkog jogurta kako bi salata bila kremasta.

61.Salata od pečene cvjetače i lješnjaka

Čini: 2 DO 4

SASTOJCI
- 1 glavica cvjetače, izlomljena na male cvjetiće (1½ lb / 660 g ukupno)
- 5 žlica maslinovog ulja
- 1 velika stabljika celera, narezana pod kutom na kriške od ¼ inča / 0,5 cm (⅔ šalice / 70 g ukupno)
- 5 žlica / 30 g lješnjaka, s ljuskom
- ⅓ šalice / 10 g ubranog malog lišća ravnog peršina
- ⅓ šalice / 50 g sjemenki nara (od otprilike ½ srednje veličine nara)
- izdašne ¼ žličice mljevenog cimeta
- izdašne ¼ žličice mljevene pimente
- 1 žlica sherry octa
- 1½ žličice javorovog sirupa
- sol i svježe mljeveni crni papar

UPUTE
a) Zagrijte pećnicu na 425°F / 220°C.
b) Pomiješajte cvjetaču s 3 žlice maslinovog ulja, ½ žličice soli i malo crnog papra. Raširite u posudu za pečenje i pecite na gornjoj rešetki pećnice 25 do 35 minuta, dok cvjetača ne postane hrskava, a dijelovi ne porumene. Prebacite u veliku zdjelu za miješanje i ostavite sa strane da se ohladi.
c) Smanjite temperaturu pećnice na 325°F / 170°C. Rasporedite lješnjake u pleh obložen papirom za pečenje i pecite 17 minuta.
d) Ostavite orahe da se malo ohlade, zatim ih krupno nasjeckajte i dodajte u cvjetaču, zajedno s preostalim uljem i ostalim sastojcima. Promiješajte, kušajte i začinite solju i paprom. Poslužite na sobnoj temperaturi.

62.Pikantna salata od mrkve

Proizvodi: 4

SASTOJCI
- 6 velikih mrkvi, oguljenih (oko 1½ lb / 700 g ukupno)
- 3 žlice suncokretovog ulja
- 1 veliki luk, sitno nasjeckan (2 šalice / 300 g ukupno)
- 1 žlica Pilpelchuma ili 2 žlice harissa (kupite u trgovini ili pogledajte recept)
- ½ žličice mljevenog kumina
- ½ žličice sjemenki kima, svježe samljevenih
- ½ žličice šećera
- 3 žlice jabukovače octa
- 1½ šalice / 30 g listova rikule
- sol

UPUTE

a) Stavite mrkvu u veliki lonac, prelijte vodom i pustite da prokuha. Smanjite vatru, poklopite i kuhajte oko 20 minuta, dok mrkva ne omekša. Ocijedite i, kada se dovoljno ohladi za rukovanje, narežite na kriške od ¼ inča / 0,5 cm.

b) Dok se mrkva kuha, u velikoj tavi zagrijte pola ulja. Dodajte luk i kuhajte na srednjoj vatri 10 minuta, dok ne porumeni.

c) Stavite prženi luk u veliku zdjelu za miješanje i dodajte pilpelchumu, kumin, kim, ¾ žličice soli, šećer, ocat i preostalo ulje. Dodajte mrkvu i dobro promiješajte. Ostavite sa strane barem 30 minuta da okusi sazriju.

d) Rasporedite salatu na veliki pladanj, usput posipajte rikulom.

63. Salata od peršina i ječma

Proizvodi: 4

SASTOJCI
- ¼ šalice / 40 g bisernog ječma
- 5 oz / 150 g feta sira
- 5½ žlice maslinovog ulja
- 1 žličica za'atara
- ½ žličice sjemenki korijandera, lagano tostiranih i zgnječenih
- ¼ žličice mljevenog kumina
- 3 oz / 80 g ravnog peršina, listova i finih stabljika
- 4 zelena luka, sitno nasjeckana (⅓ šalice / 40 g ukupno)
- 2 češnja češnjaka, zgnječena
- ⅓ šalice / 40 g indijskih oraščića, lagano tostiranih i grubo zdrobljenih
- 1 zelena paprika, očišćena od sjemenki i izrezana na kockice od ⅜ inča / 1 cm
- ½ žličice mljevene pimente
- 2 žlice svježe iscijeđenog soka od limuna
- sol i svježe mljeveni crni papar

UPUTE

a) Stavite biserni ječam u mali lonac, pokrijte s puno vode i kuhajte 30 do 35 minuta, dok ne omekša, ali uz zalogaje. Ulijte u fino sito, protresite da uklonite svu vodu i prebacite u veliku zdjelu.

b) Izlomite fetu na grube komade, veličine oko ¾ inča / 2 cm, i pomiješajte u maloj posudi s 1½ žlice maslinovog ulja, za'atarom, sjemenkama korijandera i kuminom. Lagano izmiješajte i ostavite da se marinira dok pripremate ostatak salate.

c) Peršin sitno nasjeckajte i stavite u zdjelu sa mladim lukom, češnjakom, indijskim oraščićima, paprom, pimentom, limunovim sokom, preostalim maslinovim uljem i kuhanim ječmom. Dobro izmiješajte i začinite po ukusu. Za posluživanje podijelite salatu na četiri tanjura i na vrh stavite mariniranu fetu.

64. Masna salata od tikvica i paradajza

Proizvodi: 6

SASTOJCI

- 8 blijedozelenih tikvica ili običnih tikvica (ukupno oko 2¼ lb / 1 kg)
- 5 velikih, vrlo zrelih rajčica (1¾ lb / 800 g ukupno)
- 3 žlice maslinovog ulja, plus još za kraj
- 2½ šalice / 300 g grčkog jogurta
- 2 češnja češnjaka, zgnječena
- 2 crvena čilija, očišćena od sjemenki i nasjeckana
- naribane korice 1 srednjeg limuna i 2 žlice svježe iscijeđenog soka od limuna
- 1 žlica sirupa od datulja, plus dodatak za kraj
- 2 šalice / 200 g krupno nasjeckanih oraha
- 2 žlice nasjeckane metvice
- ⅔ oz / 20 g ravnog peršina, nasjeckanog
- sol i svježe mljeveni crni papar

UPUTE

a) Zagrijte pećnicu na 425°F / 220°C. Rebrastu tavu za pečenje stavite na jaku vatru.

b) Tikvice odrežite i prepolovite po dužini. Rajčice također prepolovite. Tikvice i rajčice premažite maslinovim uljem s prerezane strane i začinite solju i paprom.

c) Do sada bi tava za pečenje trebala biti vruća. Počnite s tikvicama. Stavite nekoliko njih na tavu, prerezanom stranom prema dolje i kuhajte 5 minuta; tikvice trebaju biti lijepo pougljene s jedne strane. Sada izvadite tikvice i ponovite isti postupak s rajčicama. Stavite povrće u posudu za pečenje i stavite peći oko 20 minuta, dok tikvice ne omekšaju.

d) Izvadite pleh iz pećnice i ostavite povrće da se malo ohladi. Grubo ih nasjeckajte i ostavite da se ocijede u cjedilu 15 minuta.

e) Umutite jogurt, češnjak, čili, limunovu koricu i sok te melasu u velikoj zdjeli za miješanje. Dodajte nasjeckano povrće, orahe, metvicu i veći dio peršina i dobro promiješajte. Začinite s ¾ žličice soli i malo papra.

f) Premjestite salatu na veliki, plitki tanjur za posluživanje i raširite je. Ukrasite preostalim peršinom. Na kraju prelijte sirupom od datulja i maslinovim uljem.

DESERT

65. Puding od ružine vodice (Mahalabiya)

SASTOJCI:
- 1/2 šalice rižinog brašna
- 4 šalice mlijeka
- 1 šalica šećera
- 1 žličica ružine vodice
- Sjeckani pistacije za ukras

UPUTE:
a) U zdjeli otopite rižino brašno u maloj količini mlijeka da dobijete glatku pastu.
b) U loncu zagrijte preostalo mlijeko i šećer na srednje jakoj vatri.
c) Dodajte tijesto od rižinog brašna u lonac, neprestano miješajući dok se smjesa ne zgusne.
d) Maknite s vatre i umiješajte ružinu vodicu.
e) Smjesu izlijte u posude za posluživanje i ostavite da se ohladi.
f) Kad se stegne, stavite u hladnjak dok se ne ohladi.
g) Prije posluživanja ukrasite nasjeckanim pistacijama.

66. Halwa (desert od slatkog želea)

SASTOJCI:
- 1/2 šalice kukuruznog brašna
- 2 šalice vode
- 1 šalica šećera u prahu
- 2 žlice nasjeckanih indijskih oraha (ili badema ili pistacija)
- 1 žlica maslaca
- 1/4 žličice mljevenog kardamoma
- 2 prstohvata ružine vodice
- 1 prstohvat niti šafrana

UPUTE:
a) Pomiješajte kukuruzno brašno (1/2 šalice) u vodi (2 šalice) i ostavite sa strane.
b) U tavi s debelim dnom karamelizirajte šećer (1 šalicu). Smanjite vatru i dodajte vodu pomiješanu s kukuruznim brašnom. U početku, karamelizirani šećer može postati tvrd, ali će se otopiti i postati glatka tekućina dok se zagrijava.
c) Neprekidno miješajte kako ne bi bilo grudica. Kako se smjesa zgušnjava, dodajte nasjeckane indijske oraščiće (2 žlice), maslac (1 žličica), mljeveni kardamom (1/4 žličice), ružinu vodicu (2 prstohvata) i niti šafrana (1 prstohvat).
d) Ostavite smjesu da postane gusta i dok ne počne napuštati stijenke posude.
e) Ugasite plamen. Halva se možda neće odmah stvrdnuti, ali će se zgusnuti kada se ohladi.

67.Mushaltat

SASTOJCI:
ZA TIJESTO:
- 4 šalice višenamjenskog brašna
- 1 žličica soli
- 1 žlica šećera
- 1 žličica praška za pecivo
- 1 šalica tople vode
- 1/2 šalice mlijeka
- 2 žlice gheeja, otopljenog

ZA NADJEV:
- 2 šalice bijelog sira (kao što je Akkawi ili Halloumi), nasjeckanog
- 1 šalica svježeg peršina, nasjeckanog
- 1/2 šalice zelenog luka, nasjeckanog
- 1/2 šalice svježeg cilantra, nasjeckanog
- 1/2 šalice svježe metvice, nasjeckane
- 1/2 šalice feta sira, izmrvljenog
- 1 žličica sjemenki crnog sezama (po želji, za ukras)

ZA ČETKANJE:
- 2 žlice gheeja, otopljenog

UPUTE:
PRIPREMITI TIJESTO:
a) U velikoj zdjeli za miješanje pomiješajte višenamjensko brašno, sol, šećer i prašak za pecivo.
b) Suhim sastojcima postepeno dodavati toplu vodu i mlijeko uz neprestano miješanje.
c) Mijesite tijesto dok ne postane glatko i elastično.
d) Prelijte rastopljeni ghee preko tijesta i nastavite mijesiti dok se dobro ne sjedini.
e) Tijesto pokriti vlažnom krpom i ostaviti da odstoji oko 1 sat.

PRIPREMITE NADJEV:
f) U posebnoj zdjeli pomiješajte nasjeckani bijeli sir, svježi peršin, mladi luk, cilantro, metvicu i izmrvljenu fetu.

SASTAVI MUŠALTAT:
g) Zagrijte pećnicu na 200°C (392°F).
h) Odmoreno tijesto podijelite na male dijelove. Svaki dio razvaljajte u kuglicu.

i) Kuglu tijesta razvaljajte na pobrašnjenoj površini u tanki krug.
j) Stavite veliku količinu nadjeva od sira i začinskog bilja na jednu polovicu kruga od tijesta.
k) Drugu polovicu tijesta preklopite preko nadjeva da napravite polukružni oblik. Zalijepite rubove tako da ih pritisnete.
l) Sastavljeni Mushaltat stavite na lim za pečenje.

PEĆI:
m) Premažite vrh svakog Mushaltata otopljenim gheejem.
n) Po želji pospite crnim sezamom po vrhu za ukras.
o) Pecite u prethodno zagrijanoj pećnici oko 15-20 minuta ili dok ne porumene.
p) Nakon što je pečen, ostavite Mushaltat da se malo ohladi prije posluživanja.
q) Poslužite toplo i uživajte u divnim okusima Mushaltata!

68.Torta od datulja

SASTOJCI:
- 2 šalice višenamjenskog brašna
- 1 šalica maslaca, omekšalog
- 1 šalica šećera
- 4 jaja
- 1 šalica paste od datulja
- 1 žličica mljevenog kardamoma
- 1 žličica praška za pecivo
- 1/2 šalice nasjeckanih orašastih plodova (orasi ili bademi)

UPUTE:
a) Zagrijte pećnicu na 350°F (175°C). Namastite i pobrašnite kalup za tortu.
b) U zdjeli miksajte maslac i šećer dok ne postane svijetlo i pjenasto.
c) Dodajte jedno po jedno jaje, dobro umutite nakon svakog dodavanja.
d) Pomiješajte pastu od datulja, mljeveni kardamom i nasjeckane orahe.
e) Prosijte zajedno brašno i prašak za pecivo, zatim postupno dodajte u tijesto, miješajući dok se dobro ne sjedini.
f) Ulijte tijesto u pripremljeni kalup za tortu.
g) Pecite oko 40-45 minuta ili dok čačkalica zabodena u sredinu ne izađe čista.
h) Ostavite tortu da se ohladi prije rezanja.

69.Puding Qamar al-Din

SASTOJCI:
- 1 šalica paste od suhih marelica (Qamar al-Din)
- 4 šalice vode
- 1/2 šalice šećera (po želji)
- 1/4 šalice kukuruznog škroba
- 1 žličica vode od narančinog cvijeta (po želji)
- Sjeckani orasi za ukras

UPUTE:
a) U loncu otopite pastu od marelica u vodi na srednjoj vatri.
b) Dodajte šećer i miješajte dok se ne otopi.
c) U zasebnoj zdjeli pomiješajte kukuruzni škrob s malom količinom vode da dobijete glatku pastu.
d) Postupno dodajte pastu od kukuruznog škroba u smjesu od marelica, neprestano miješajući dok se ne zgusne.
e) Maknite s vatre i umiješajte vodu od narančinog cvijeta ako koristite.
f) Smjesu izlijte u posude za posluživanje i ostavite da se ohladi.
g) Stavite u hladnjak dok se ne stegne.
h) Prije posluživanja ukrasite nasjeckanim orasima.

70. Puding od riže s kardamomom

SASTOJCI:
- 1 šalica basmati riže
- 4 šalice mlijeka
- 1 šalica šećera
- 1 žličica mljevenog kardamoma
- 1/2 šalice grožđica
- Sjeckani bademi za ukras

UPUTE:
a) Basmati rižu operite i kuhajte dok ne bude gotovo.
b) U posebnom loncu zagrijte mlijeko i šećer na srednje jakoj vatri, miješajući dok se šećer ne otopi.
c) Dodajte djelomično kuhanu rižu u mliječnu smjesu.
d) Umiješajte mljeveni kardamom i dodajte grožđice.
e) Kuhajte na laganoj vatri dok se riža potpuno ne skuha i smjesa ne zgusne.
f) Maknite s vatre i ostavite da se ohladi.
g) Stavite u hladnjak dok se ne ohladi.
h) Prije posluživanja ukrasite nasjeckanim bademima.

71. Luqaimat (slatke knedle)

SASTOJCI:
- 2 šalice višenamjenskog brašna
- 1 žlica šećera
- 1 žličica kvasca
- 1 šalica tople vode
- Ulje za prženje
- Sjemenke sezama i med za ukras

UPUTE:
a) U zdjeli pomiješajte brašno, šećer, kvasac i toplu vodu da dobijete glatku smjesu. Ostavite da se diže oko 1-2 sata.
b) U dubljoj tavi zagrijte ulje.
c) Koristeći žlicu, ubacite male dijelove tijesta u vruće ulje kako biste oblikovali male okruglice.
d) Pržite dok ne porumene.
e) Izvadite iz ulja i ocijedite na papirnatim ubrusima.
f) Prije posluživanja prelijte medom i pospite sezamom.

72. Kolačići od ruža (Qurabiya)

SASTOJCI:
- 2 šalice griza
- 1 šalica gheeja, otopljenog
- 1 šalica šećera u prahu
- 1 žličica ružine vodice
- Sjeckani pistacije za ukras

UPUTE:
a) U zdjeli pomiješajte griz, otopljeni ghee, šećer u prahu i ružinu vodicu da napravite tijesto.
b) Od tijesta oblikujte male kolačiće.
c) Stavite kolačiće na lim za pečenje.
d) Pecite u prethodno zagrijanoj pećnici na 350°F (175°C) oko 15-20 minuta ili dok ne porumene.
e) Ukrasite nasjeckanim pistacijama i ostavite da se ohlade prije posluživanja.

73. Torta od banane i datulja

SASTOJCI:
- 1 list gotovog lisnatog tijesta
- 3 zrele banane, narezane na ploške
- 1 šalica datulja, očišćenih od koštica i nasjeckanih
- 1/2 šalice meda
- Sjeckani orasi za ukras

UPUTE:
a) Razvaljajte list lisnatog tijesta i stavite ga u kalup za tart.
b) Na tijesto posložite narezane banane i nasjeckane datulje.
c) Voće prelijte medom.
d) Pecite u prethodno zagrijanoj pećnici na 375°F (190°C) oko 20-25 minuta ili dok tijesto ne porumeni.
e) Prije posluživanja ukrasite nasjeckanim orasima.

74.Sladoled od šafrana

SASTOJCI:
- 2 šalice gustog vrhnja
- 1 šalica kondenziranog mlijeka
- 1/2 šalice šećera
- 1 žličica niti šafrana, namočenih u toplu vodu
- Sjeckani pistacije za ukras

UPUTE:
a) U zdjeli umutite čvrsto vrhnje dok se ne formiraju čvrsti vrhovi.
b) U posebnoj posudi pomiješajte kondenzirano mlijeko, šećer i vodu sa šafranom.
c) Nježno umiješajte smjesu kondenziranog mlijeka u šlag.
d) Prebacite smjesu u posudu i zamrznite najmanje 4 sata.
e) Prije posluživanja ukrasite nasjeckanim pistacijama.

75.Krem karamel (Muhallabia)

SASTOJCI:
- 1/2 šalice rižinog brašna
- 4 šalice mlijeka
- 1 šalica šećera
- 1 žličica ružine vodice
- 1 žličica vode od narančinog cvijeta
- Sjeckani pistacije za ukras

UPUTE:
a) U loncu otopite rižino brašno u maloj količini mlijeka da dobijete glatku pastu.
b) U posebnoj posudi zagrijte preostalo mlijeko i šećer na srednje jakoj vatri.
c) Dodajte pastu od rižinog brašna u smjesu mlijeka, neprestano miješajući dok se smjesa ne zgusne.
d) Maknite s vatre i umiješajte ružinu vodicu i vodicu narančinog cvijeta.
e) Smjesu izlijte u posude za posluživanje i ostavite da se ohladi.
f) Stavite u hladnjak dok se ne stegne.
g) Prije posluživanja ukrasite nasjeckanim pistacijama.

76. Mamoul s datuljama

SASTOJCI:
ZA TIJESTO:
- 3 šalice griza
- 1 šalica višenamjenskog brašna
- 1 šalica neslanog maslaca, otopljenog
- 1/2 šalice granuliranog šećera
- 1/4 šalice ružine vodice ili vodice narančinog cvijeta
- 1/4 šalice mlijeka
- 1 žličica praška za pecivo

ZA POPUNJAVANJE DATUMA:
- 2 šalice nasjeckanih datulja bez koštica
- 1/2 šalice vode
- 1 žlica maslaca
- 1 žličica mljevenog cimeta

ZA BRISANJE PRAŠINE (OPCIONALNO):
- Šećer u prahu za posipanje

UPUTE:
POPUNJAVANJE DATUMA:
a) U loncu pomiješajte nasjeckane datulje, vodu, maslac i mljeveni cimet.
b) Kuhajte na srednje jakoj vatri uz stalno miješanje dok datulje ne omekšaju i smjesa se zgusne do pastozne konzistencije.
c) Maknite s vatre i ostavite da se ohladi.

MAMOUL TIJESTO:
d) U velikoj zdjeli za miješanje pomiješajte griz, višenamjensko brašno i prašak za pecivo.
e) U smjesu s brašnom dodajte otopljeni maslac i dobro promiješajte.
f) U posebnoj zdjeli pomiješajte šećer, ružinu vodicu (ili vodicu cvijeta naranče) i mlijeko. Miješajte dok se šećer ne otopi.
g) Dodajte tekuću smjesu u smjesu brašna i mijesite dok ne dobijete glatko tijesto. Ako je tijesto previše mrvičasto, možete dodati još malo otopljenog maslaca ili mlijeka.
h) Pokrijte tijesto i ostavite da odstoji oko 30 minuta do sat vremena.

i) SASTAVLJANJE MAMOUL KOLAČIĆA:
j) Zagrijte pećnicu na 350°F (175°C).

k) Uzmite mali dio tijesta i oblikujte ga u kuglu. Spljoštite kuglicu u ruci i stavite malu količinu nadjeva od datulja u sredinu.
l) Tijestom obložite nadjev, oblikujući ga u glatku kuglu ili kupolu. Za ukrašavanje možete koristiti Mamoul kalupe ako ih imate.
m) Napunjene kolačiće stavljati u pleh obložen papirom za pečenje.
n) Pecite 15-20 minuta ili dok dno ne porumeni. Vrhovi možda neće puno promijeniti boju.
o) Ostavite kolačiće da se ohlade na limu za pečenje nekoliko minuta prije nego što ih prebacite na rešetku da se potpuno ohlade.

OPCIONALNO BRISANJE PRAŠINE:
p) Nakon što se Mamoul kolačići potpuno ohlade, možete ih posuti šećerom u prahu.

77.Sirijska Namora

SASTOJCI:
- 200 g maslaca (otopljenog)
- 225 g šećera
- 3 šalice (500 g) jogurta
- 3 šalice (600 g) krupice (2,5 šalice grube krupice i 0,5 šalice fine krupice)
- 3 žlice kokosa (fino osušenog)
- 2 žličice praška za pecivo
- 1 žlica ružine vodice ili šećernog sirupa od cvijeta naranče

UPUTE:
ŠEĆERNI SIRUP:
a) U loncu pomiješajte 1 šalicu šećera, ½ šalice vode i 1 žličicu limunovog soka.
b) Smjesu kuhajte 5 do 7 minuta na srednje jakoj vatri, zatim ostavite da se ohladi.

NAMORA:
c) Pomiješajte otopljeni puter i šećer, umutite dok se dobro ne sjedini.
d) Smjesi dodajte jogurt i ponovno miješajte dok se potpuno ne sjedini.
e) Umiješajte grubi i fini griz, prašak za pecivo, kokos i ružinu vodicu. Miksajte dok ne dobijete glatku smjesu.
f) Ulijte tijesto u kalupe za kolače. Po želji kolačiće ukrasite listićima badema.
g) Pecite tijesto u prethodno zagrijanoj pećnici na 180 stupnjeva 15 do 20 minuta ili dok ne porumeni.
h) Dok su kolačići u pećnici, pripremite šećerni sirup.
i) Kad su kolačići pečeni, još tople prelijte šećernim sirupom. To će ih učiniti vlažnima i aromatičnima.

78. Brownies od sirijskih datulja

SASTOJCI:
ZA PASTE ZA DATUME:
- 2 šalice datulja bez koštica, po mogućnosti Medjool
- 1/2 šalice vode
- 1 žličica soka od limuna

ZA TIJESTO ZA BROWNIE:
- 1/2 šalice neslanog maslaca, otopljenog
- 1 šalica granuliranog šećera
- 2 velika jaja
- 1 žličica ekstrakta vanilije
- 1/2 šalice višenamjenskog brašna
- 1/3 šalice nezaslađenog kakaa u prahu
- 1/4 žličice praška za pecivo
- 1/4 žličice soli
- 1/2 šalice nasjeckanih orašastih plodova (orasi ili bademi), po želji

UPUTE:
LIJEPLJENJE DATUMA:
a) U malom loncu pomiješajte datulje bez koštica i vodu.
b) Pustite da lagano kuha na srednjoj vatri i kuhajte oko 5-7 minuta ili dok datulje ne omekšaju.
c) Maknite s vatre i ostavite da se malo ohladi.
d) Omekšale datulje prebacite u multipraktik, dodajte limunov sok i miksajte dok ne dobijete glatku smjesu. Staviti na stranu.

TIJESTO ZA BROWNIE:
e) Zagrijte pećnicu na 350°F (175°C). Namastite i obložite tepsiju papirom za pečenje.
f) U velikoj zdjeli za miješanje pjenasto izmiješajte otopljeni maslac i šećer dok se dobro ne sjedine.
g) Dodajte jedno po jedno jaje, dobro umutite nakon svakog dodavanja. Umiješajte ekstrakt vanilije.
h) U zasebnoj zdjeli prosijte zajedno brašno, kakao prah, prašak za pecivo i sol.
i) Postupno dodajte suhe sastojke u mokre sastojke, miksajući dok se ne sjedine.

j) Umiješajte pastu od datulja i nasjeckane orašaste plodove (ako ih koristite) u tijesto za kolače dok se ravnomjerno ne raspodijele.
k) Ulijte tijesto u pripremljenu tepsiju i ravnomjerno ga rasporedite.
l) Pecite u prethodno zagrijanoj pećnici 25-30 minuta ili dok čačkalica zabodena u sredinu ne izađe van s nekoliko vlažnih mrvica.
m) Pustite da se brownies potpuno ohlade u tavi prije nego što ih narežete na kvadrate.
n) Po želji: Ohlađene browniese pospite kakaom ili šećerom u prahu za ukras.

79. Baklava

SASTOJCI:
- 1 paket filo tijesta
- 1 šalica neslanog maslaca, otopljenog
- 2 šalice miješanih orašastih plodova (orasi, pistacije), sitno nasjeckanih
- 1 šalica granuliranog šećera
- 1 žličica mljevenog cimeta
- 1 šalica meda
- 1/4 šalice vode
- 1 žličica ružine vodice (po želji)

UPUTE:
a) Zagrijte pećnicu na 350°F (175°C).
b) U zdjeli pomiješajte nasjeckane orahe sa šećerom i cimetom.
c) Stavite list filo tijesta u podmazanu tepsiju, premažite otopljenim maslacem i ponovite za oko 10 slojeva.
d) Pospite sloj mješavine orašastih plodova preko fila.
e) Nastavite slagati filo i orašaste plodove dok ne potrošite sastojke, a završite gornjim slojem filo.
f) Oštrim nožem izrežite baklavu na romb ili kvadrat.
g) Pecite 45-50 minuta ili dok ne porumene.
h) Dok se baklava peče, u šerpi na laganoj vatri zagrijte med, vodu i ružinu vodicu (ako koristite).
i) Nakon što je baklava gotova, odmah je prelijte vrućom smjesom od meda.
j) Ostavite baklavu da se ohladi prije posluživanja.

80.Halawet el Jibn (sirijske slatke peciva od sira)

SASTOJCI:
- 1 šalica ricotta sira
- 1 šalica griza
- 1/2 šalice šećera
- 1/4 šalice neslanog maslaca
- 1 šalica mlijeka
- 1 žlica vode od narančinog cvijeta
- Blanširani bademi za ukras
- Isjeckano filo tijesto za valjanje

UPUTE:
a) U loncu pomiješajte ricotta sir, griz, šećer, maslac i mlijeko.
b) Kuhajte na srednjoj vatri uz stalno miješanje dok se smjesa ne zgusne.
c) Maknite s vatre i umiješajte vodu od narančinog cvijeta.
d) Neka se smjesa ohladi.
e) Uzmite male dijelove smjese i umotajte ih u isjeckano filo tijesto, oblikujući male valjuške.
f) Ukrasite blanširanim bademima.
g) Poslužite ove slatke kiflice sa sirom kao divan desert ili uz namaz za doručak.

81. Basbousa (kolač od griza)

SASTOJCI:
- 1 šalica griza
- 1 šalica granuliranog šećera
- 1 šalica običnog jogurta
- 1/2 šalice neslanog maslaca, otopljenog
- 1 žličica praška za pecivo
- 1/4 šalice sušenog kokosa (po želji)
- 1/4 šalice blanširanih badema ili pinjola za ukras
- Sirup:
- 1 šalica granuliranog šećera
- 1/2 šalice vode
- 1 žlica ružine vodice
- 1 žlica vode od narančinog cvijeta

UPUTE:
a) Zagrijte pećnicu na 350°F (175°C).
b) U zdjeli pomiješajte griz, šećer, jogurt, otopljeni maslac, prašak za pecivo i sušeni kokos dok se dobro ne sjedini.
c) Tijesto izlijte u podmazan pleh.
d) Površinu zagladite špatulom i izrežite u obliku dijamanta.
e) Stavite badem ili pinjol u sredinu svakog dijamanta.
f) Pecite 30-35 minuta ili dok ne porumene.
g) Dok se kolač peče pripremite sirup kuhajući šećer i vodu dok se šećer ne otopi.
h) Maknite s vatre i dodajte ružinu vodicu i vodicu narančinog cvijeta.
i) Kada je kolač gotov prelijte ga sirupom dok je još topao.
j) Pustite da basbousa upije sirup prije posluživanja.

82. Znoud El Sit (sirijsko pecivo punjeno kremom)

SASTOJCI:
- 10 listova filo tijesta
- 1 šalica gustog vrhnja
- 1/4 šalice granuliranog šećera
- 1 žličica ružine vodice
- Biljno ulje za prženje
- Jednostavan sirup (1 šalica šećera, 1/2 šalice vode, 1 žličica limunovog soka, kuhati dok ne postane sirup)

UPUTE:
a) U zdjeli umutite čvrsto vrhnje sa šećerom i ružinom vodicom dok se ne formiraju čvrsti vrhovi.
b) Listove filo izrežite na pravokutnike (oko 4x8 inča).
c) Na jedan kraj svakog pravokutnika stavite žlicu šlaga.
d) Stranice preklopiti preko kreme i zarolati kao puru.
e) Zagrijte biljno ulje u dubljoj tavi i pržite peciva dok ne porumene.
f) Pržena peciva umočite u pripremljeni jednostavni saft.
g) Ostavite znoud el sit da se ohladi prije posluživanja.

83. Mafroukeh (desert od griza i badema)

SASTOJCI:
- 2 šalice griza
- 1 šalica neslanog maslaca
- 1 šalica granuliranog šećera
- 1 šalica punomasnog mlijeka
- 1 šalica blanširanih badema, prženih i nasjeckanih
- Jednostavan sirup (1 šalica šećera, 1/2 šalice vode, 1 čajna žličica vode od narančinog cvijeta, kuhati dok ne postane sirup)

UPUTE:
a) U tavi rastopite maslac i dodajte griz. Neprekidno miješajte dok ne porumeni.
b) Dodajte šećer i nastavite miješati dok se dobro ne sjedini.
c) Polako dodajte mlijeko uz miješanje kako ne bi bilo grudica. Kuhajte dok se smjesa ne zgusne.
d) Maknite s vatre i umiješajte pržene i nasjeckane bademe.
e) Smjesu utisnite u posudu za posluživanje i ostavite da se ohladi.
f) Mafroukeh narežite na dijamante i prelijte pripremljenim jednostavnim sirupom.
g) Pustite da upije sirup prije posluživanja.

84.Galette od crvene paprike i pečenih jaja

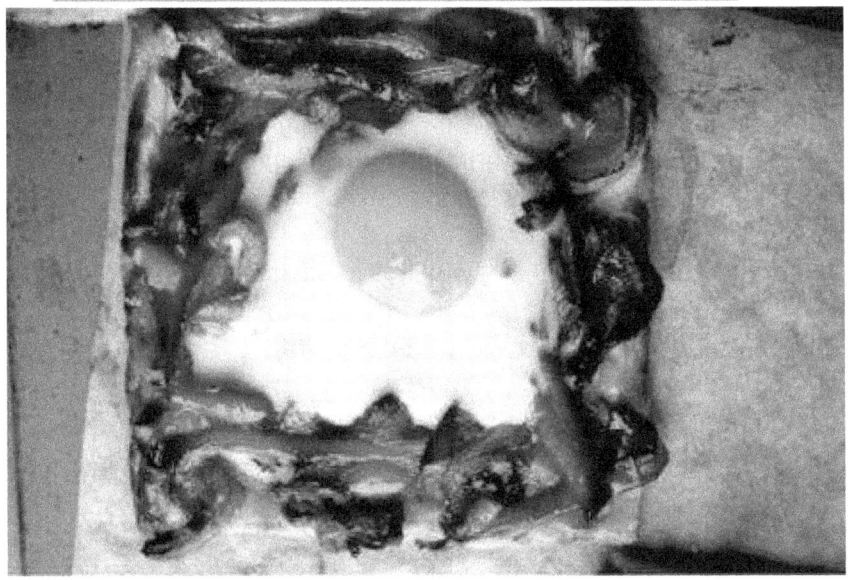

SASTOJCI:
- 4 srednje crvene paprike, prepolovljene, očišćene od sjemenki i narezane na trake ⅜ inča / 1 cm široke
- 3 mala luka, prepolovljena i izrezana na kriške širine ¾ inča / 2 cm
- 4 grančice timijana, listiće ubrati i nasjeckati
- 1½ žličice mljevenog korijandera
- 1½ žličice mljevenog kumina
- 6 žlica maslinovog ulja, plus još za kraj
- 1½ žlice pljosnatog lišća peršina, krupno nasjeckanog
- 1½ žlica lišća cilantra, grubo nasjeckanog
- 250 g najkvalitetnijeg lisnatog tijesta s maslacem
- 2 žlice / 30 g kiselog vrhnja
- 4 velika jaja iz slobodnog uzgoja (ili 5½ oz / 160 g feta sira, izmrvljenog), plus 1 jaje, lagano tučeno
- sol i svježe mljeveni crni papar

UPUTE:

a) Zagrijte pećnicu na 400°F / 210°C. U velikoj zdjeli pomiješajte papriku, luk, listiće majčine dušice, mljevene začine, maslinovo ulje i dobar prstohvat soli. Rasporedite u tepsiju i pecite 35 minuta uz par puta miješanja tijekom kuhanja. Povrće treba biti mekano i slatko, ali ne previše hrskavo ili smeđe jer će se dalje kuhati. Izvadite iz pećnice i umiješajte polovicu svježih začina. Probajte začine i ostavite sa strane. Zagrijte pećnicu na 425°F / 220°C.

b) Na lagano pobrašnjenoj površini razvaljajte lisnato tijesto u kvadrat od 12 inča / 30 cm debljine oko ⅛ inča / 3 mm i izrežite na četiri kvadrata od 6 inča / 15 cm. Izbodite kvadrate vilicom i stavite ih, dobro razmaknute, na pleh obložen papirom za pečenje. Ostavite da odstoji u hladnjaku najmanje 30 minuta.

c) Izvadite tijesto iz hladnjaka i premažite vrh i stranice razmućenim jajetom. Pomoću lopatice ili stražnje strane žlice rasporedite 1½ žličice kiselog vrhnja po svakom kvadratu, ostavljajući rub od ¼ inča / 0,5 cm oko rubova. Rasporedite 3 žlice mješavine papra na kvadrate prelivene kiselim vrhnjem, ostavljajući čiste rubove da se dignu. Treba ga rasporediti prilično ravnomjerno, ali u sredini ostavite plitku udubinu u koju kasnije stane jaje.

d) Galette pecite 14 minuta. Izvadite lim za pečenje iz pećnice i pažljivo razbijte cijelo jaje u udubljenje u sredini svakog peciva. Vratite u pećnicu i pecite još 7 minuta, dok se jaja ne stisnu. Pospite crnim paprom i preostalim začinskim biljem te pokapajte uljem. Poslužite odmah.

85. Pita sa začinskim biljem

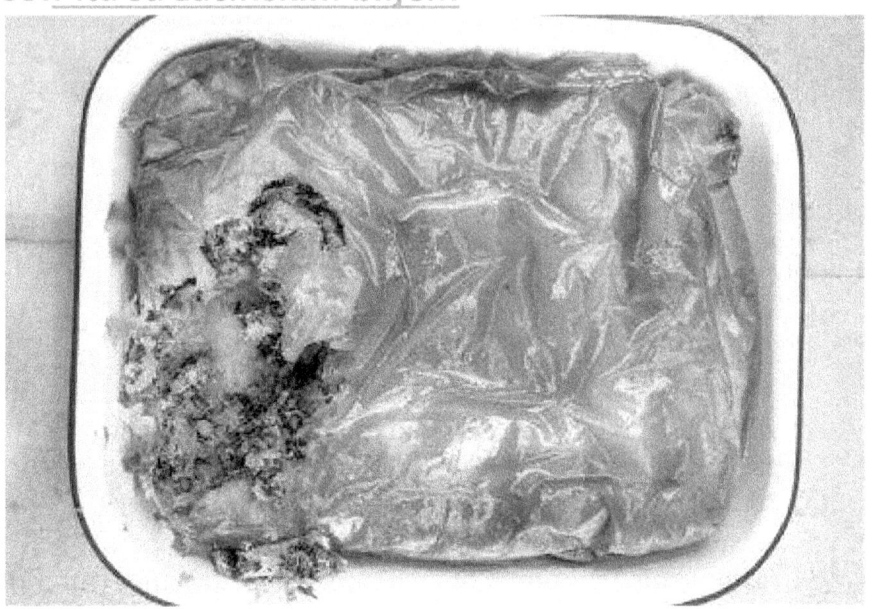

SASTOJCI:
- 2 žlice maslinovog ulja, plus dodatno za premazivanje tijesta
- 1 veliki luk, narezan na kockice
- 1 lb / 500 g blitve, stabljike i listovi sitno nasjeckani, ali odvojeno
- 150 g celera, tanko narezanog
- 50 g zelenog luka, nasjeckanog
- 1¾ oz / 50 g rikule
- 1 oz / 30 g ravnog peršina, nasjeckanog
- 1 oz / 30 g metvice, nasjeckane
- ¾ oz / 20 g kopra, nasjeckanog
- 4 oz / 120 g anari ili ricotta sira, izmrvljenog
- 3½ oz / 100 g odleženog sira Cheddar, naribanog
- 60 g feta sira, izmrvljenog
- ribana korica 1 limuna
- 2 velika jaja iz slobodnog uzgoja
- ⅓ žličice soli
- ½ žličice svježe mljevenog crnog papra
- ½ žličice najfinijeg šećera
- 250 g filo tijesta

UPUTE:

a) Zagrijte pećnicu na 400°F / 200°C. Ulijte maslinovo ulje u veliku duboku tavu na srednje jakoj vatri. Dodajte luk i pirjajte 8 minuta bez smeđe boje. Dodajte stabljike blitve i celer i nastavite kuhati 4 minute uz povremeno miješanje. Dodajte listove blitve, pojačajte vatru na srednje jaku i miješajte dok kuhate 4 minute, dok listovi ne uvenu. Dodajte zeleni luk, rikulu i začinsko bilje i kuhajte još 2 minute. Maknite s vatre i prebacite u cjedilo da se ohladi.

b) Kad se smjesa ohladi, iscijedite što više vode i prebacite u zdjelu za miješanje. Dodajte tri sira, koricu limuna, jaja, sol, papar i šećer i dobro promiješajte.

c) Položite list filo tijesta i premažite ga s malo maslinovog ulja. Pokrijte drugim limom i nastavite na isti način dok ne dobijete 5 slojeva filo premazanih uljem, a svi pokrivaju površinu dovoljno veliku da obložite stranice i dno posude za pitu od 8½ inča / 22 cm, plus još slojeva da vise preko ruba . Posudu za pitu obložite tijestom, napunite mješavinom začinskog bilja i preklopite višak tijesta preko ruba nadjeva, odrežući tijesto koliko je potrebno da napravite rub od ¾ inča / 2 cm.

d) Napravite još jedan set od 5 filo slojeva premazanih uljem i stavite ih preko pite. Malo zgnječite tijesto da dobijete valoviti, neravni vrh i odrežite rubove tako da samo prekrije pitu. Premažite maslinovim uljem i pecite 40 minuta dok filo ne poprimi lijepu zlatnosmeđu boju. Izvadite iz pećnice i poslužite toplo ili na sobnoj temperaturi.

86. Bureke

SASTOJCI:
- 1 lb / 500 g najkvalitetnijeg lisnatog tijesta punog maslaca
- 1 veliko jaje slobodnog uzgoja, istučeno

NADJEV OD RICOTTE
- ¼ šalice / 60 g svježeg sira
- ¼ šalice / 60 g ricotta sira
- ⅔ šalice / 90 izmrvljenog feta sira
- 2 žličice / 10 g neslanog maslaca, otopljenog

PECORINO NADJEV
- 3½ žlice / 50 g ricotta sira
- ⅔ šalice / 70 g ribanog odleženog pecorino sira
- ⅓ šalice / 50 g naribanog odleženog sira Cheddar
- 1 poriluk, izrezan na segmente od 2 inča / 5 cm, blanširan dok ne omekša i sitno nasjeckan (¾ šalice / 80 g ukupno)
- 1 žlica nasjeckanog plosnatog peršina
- ½ žličice svježe mljevenog crnog papra

SJEMENKE
- 1 žličica sjemenki crnice
- 1 žličica sjemenki sezama
- 1 žličica žutih sjemenki gorušice
- 1 žličica sjemenki kima
- ½ žličice čili pahuljica

UPUTE:
a) Razvaljajte tijesto u dva kvadrata od 12 inča / 30 cm svaki ⅛ inča / 3 mm debljine. Stavite listove tijesta na lim obložen papirom za pečenje—mogu se nalaziti jedan na drugom, s listom papira između—i ostavite u hladnjaku 1 sat.

b) Stavite svaki set sastojaka za punjenje u zasebnu zdjelu. Promiješajte i ostavite sa strane. Pomiješajte sve sjemenke zajedno u zdjeli i ostavite sa strane.

c) Izrežite svaki list tijesta na kvadrate od 4 inča / 10 cm; trebali biste dobiti ukupno 18 kvadrata. Prvi nadjev ravnomjerno podijelite na polovicu kvadrata, stavljajući ga žlicom na sredinu svakog kvadrata. Premažite dva susjedna ruba svakog kvadrata jajetom, a zatim preklopite kvadrat na pola da formirate trokut. Izbacite sav zrak i čvrsto stisnite strane. Rubove dobro stisnite kako se ne bi otvorili tijekom kuhanja.

Ponovite s preostalim kvadratićima tijesta i drugim nadjevom. Stavite na lim obložen papirom za pečenje i ostavite u hladnjaku najmanje 15 minuta da se stegne. Zagrijte pećnicu na 425°F / 220°C.

d) Premažite dva kraća ruba svakog peciva jajetom i umočite te rubove u mješavinu sjemenki; Mala količina sjemenki, samo ⅙ inča / 2 mm široka, je sve što je potrebno, jer su prilično dominantne. Gornji dio svakog tijesta također premažite malo jajeta, izbjegavajući sjemenke.

e) Provjerite jesu li peciva razmaknuta oko 1¼ inča / 3 cm jedna od druge. Pecite 15 do 17 minuta, dok posvuda ne porumeni. Poslužite toplo ili na sobnoj temperaturi. Ako se dio nadjeva prolije iz peciva tijekom pečenja, samo ga nježno ugurajte natrag kad se dovoljno ohlade da se njima može rukovati.

87. Ghraybeh

SASTOJCI:

- ¾ šalice plus 2 žlice / 200 g gheeja ili pročišćenog maslaca, iz hladnjaka tako da bude čvrst
- ⅔ šalice / 70 g slastičarskog šećera
- 3 šalice / 370 g višenamjenskog brašna, prosijanog
- ½ žličice soli
- 4 žličice vode od narančinog cvijeta
- 2½ žličice ružine vodice
- oko 5 žlica / 30 g neslanih pistacija

UPUTE:

a) U samostojećem mikseru opremljenom nastavkom za mućenje, miješati ghee i slastičarski šećer 5 minuta dok ne postane pjenasto, kremasto i blijedo. Zamijenite metlicu nastavkom za mućenje, dodajte brašno, sol, cvijet naranče i ružinu vodicu i miješajte dobre 3 do 4 minute dok se ne formira jednolično, glatko tijesto.
b) Zamotajte tijesto u plastičnu foliju i ohladite 1 sat.
c) Zagrijte pećnicu na 350°F / 180°C. Uhvatite komad tijesta, težak oko 15 g, i razvaljajte ga u kuglu između dlanova. Malo ga poravnajte i stavite u pleh obložen papirom za pečenje. Ponovite s ostatkom tijesta, rasporedite kolačiće na obložene limove i dobro ih razmaknite. Utisnite 1 pistaciju u sredinu svakog kolačića.
d) Pecite 17 minuta pazeći da kolačići ne poprime boju već da se samo ispeku. Izvaditi iz rerne i ostaviti da se potpuno ohladi.
e) Čuvajte kolačiće u hermetički zatvorenoj posudi do 5 dana.

88. Mutabbaq

SASTOJCI:
- ⅔ šalice / 130 g neslanog maslaca, otopljenog
- 14 listova filo tijesta, 12 x 15½ inča / 31 x 39 cm
- 2 šalice / 500 g ricotta sira
- 250 g mekog sira od kozjeg mlijeka
- mljeveni neslani pistacije, za ukrašavanje (po želji)
- SIRUP
- 6 žlica / 90 ml vode
- zaokruženo 1⅓ šalice / 280 g najfinijeg šećera
- 3 žlice svježe iscijeđenog soka od limuna

UPUTE:

a) Zagrijte pećnicu na 450°F / 230°C. Premažite lim za pečenje s plitkim rubom veličine oko 11 x 14½ inča / 28 x 37 cm malo otopljenog maslaca. Raširite filo list na vrh, ugurajte ga u kutove i dopustite da rubovi vise. Sve premažite maslacem, odozgo stavite drugi list i opet premažite maslacem. Ponavljajte postupak dok ne dobijete 7 ravnomjerno naslaganih listova, svaki namazan maslacem.

b) Ricottu i kozji sir stavite u zdjelu i zgnječite vilicom, dobro promiješajte. Raširite preko gornjeg filo lista, ostavljajući ¾ inča / 2 cm slobodnog prostora oko ruba. Površinu sira namažite maslacem i na njega stavite preostalih 7 listova fila, svaki redom premažite maslacem.

c) Škarama odrežite oko ¾ inča / 2 cm od ruba, ali bez dosezanja sira, tako da ostane dobro zapečaćen unutar peciva. Prstima nježno uvucite rubove filo ispod tijesta kako biste postigli uredan rub. Sve premažite još maslacem. Oštrim nožem izrežite površinu na kvadrate veličine otprilike 2¾ inča / 7 cm, dopuštajući nožu da dosegne skoro dno, ali ne sasvim. Pecite 25 do 27 minuta, dok ne postanu zlatne i hrskave.

d) Dok se tijesto peče pripremite sirup. Stavite vodu i šećer u manju posudu i dobro promiješajte drvenom kuhačom. Stavite na srednju vatru, zakuhajte, dodajte limunov sok i lagano kuhajte 2 minute. Maknite s vatre.

e) Polako prelijte sirup preko peciva čim ga izvadite iz pećnice, pazeći da se ravnomjerno upije. Ostavite da se ohladi 10 minuta. Pospite mljevenim pistacijama, ako koristite, i narežite na porcije.

89. Šerbat

SASTOJCI:
- 1 litra mlijeka
- 1 šalica šećera
- 1/2 šalice vrhnja
- Nekoliko kapi esencije vanilije
- 1 žličica narezanih badema
- 1 žličica narezanih pistacija
- 1 žlica kreme od vanilije
- 1 prstohvat šafrana

UPUTE:
a) U loncu zakuhajte mlijeko.
b) U kipuće mlijeko dodajte šećer, vrhnje, aromu vanilije, kremu od vanilije, šafran, narezane bademe i narezane pistacije.
c) Smjesu kuhajte na laganoj vatri dok se mlijeko ne zgusne. Neprekidno miješajte da se ne zalijepi za dno.
d) Maknite lonac s vatre i ostavite šerbat da se ohladi na sobnoj temperaturi.
e) Kad se smjesa ohladi, stavite je u hladnjak da se dobro ohladi.
f) Šerbat je sada spreman za posluživanje.
g) Ohlađeni šerbat ulijte u čaše i po želji dodatno ukrasite narezanim bademima i pistaćima.

PIĆA

90. Kašmir Kahwa

SASTOJCI:
- 4 šalice vode
- 4-5 zgnječenih zelenih mahuna kardamoma
- 4-5 cijelih klinčića
- 1 štapić cimeta
- 1 žličica sitno naribanog svježeg đumbira
- 2 žlice listića zelenog čaja
- Prstohvat pramenova šafrana
- 4-5 badema, blanširanih i narezanih
- 4-5 pistacija nasjeckanih
- Med ili šećer po ukusu

UPUTE:
a) U loncu zakuhajte 4 šalice vode.
b) U kipuću vodu dodajte zelene mahune kardamoma, cijele klinčiće, štapić cimeta i sitno naribani svježi đumbir.
c) Ostavite začine da se krčkaju 5-7 minuta kako bi se njihovi okusi ulili u vodu.
d) Smanjite vatru i u začinjenu vodu dodajte listiće zelenog čaja.
e) Ostavite čaj da se strmi oko 2-3 minute. Pazite da ne pretjerate s kuhanjem kako biste izbjegli gorčinu.
f) Čaju dodajte prstohvat niti šafrana, dajući mu živu boju i suptilan okus.
g) Umiješajte blanširane i narezane bademe kao i nasjeckane pistacije.
h) Kashmiri Kahwa zasladite medom ili šećerom po želji. Dobro promiješajte da se otopi.
i) Procijedite Kashmiri Kahwa u šalice ili male zdjelice kako biste uklonili listove čaja i cijele začine.
j) Poslužite čaj vruć i po želji ukrasite dodatnim orašastim plodovima.

91. Limunada od mente (Limon w Nana)

SASTOJCI:
- 4 limuna, iscijeđena
- 1/2 šalice šećera
- 6 šalica vode
- Listovi svježe metvice
- Kocke leda

UPUTE:
a) U vrču pomiješajte limunov sok i šećer dok se šećer ne otopi.
b) Dodajte vodu i dobro promiješajte.
c) Zdrobite nekoliko listova mente i dodajte ih u vrč.
d) Stavite u hladnjak na najmanje 1 sat.
e) Poslužite preko kockica leda, ukrašeno listićima svježe mente.

92. Sahlab

SASTOJCI:
- 2 šalice mlijeka
- 2 žlice sahlaba u prahu (mljeveni korijen orhideje)
- 2 žlice šećera
- 1/2 žličice mljevenog cimeta
- Mljeveni pistacije za ukras

UPUTE:
a) U loncu zagrijte mlijeko na srednje jakoj vatri.
b) U maloj posudi pomiješajte salab u prahu sa malo hladnog mlijeka da dobijete glatku pastu.
c) U toplo mlijeko dodajte salab i šećer uz stalno miješanje dok se ne zgusne.
d) Maknite s vatre i ostavite da se ohladi.
e) Ulijte u čaše za posluživanje, pospite mljevenim cimetom i ukrasite mljevenim pistaćima.

93. Sok od tamarinde (tamar hindi)

SASTOJCI:
- 1 šalica paste od tamarinda
- 4 šalice vode
- Šećer (po želji, po ukusu)
- Kocke leda
- Listići mente za ukrašavanje

UPUTE:
a) Pomiješajte pastu od tamarinda s vodom u vrču.
b) Po želji zasladite šećerom.
c) Dobro promiješajte dok se pasta tamarinda potpuno ne otopi.
d) Stavite u hladnjak na najmanje 1 sat.
e) Poslužite preko kockica leda, ukrašeno listićima mente.

94.Limunada od ružine vodice

SASTOJCI:
- 4 limuna, iscijeđena
- 1/4 šalice šećera (po želji)
- 4 šalice hladne vode
- 1 žlica ružine vodice
- Kocke leda
- Svježe latice ruže za ukras

UPUTE:
a) U vrču pomiješajte svježe iscijeđeni sok od limuna i šećer.
b) Dodajte hladnu vodu i miješajte dok se šećer ne otopi.
c) Umiješajte ružinu vodicu.
d) Stavite u hladnjak na najmanje 1 sat.
e) Poslužite preko kockica leda i ukrasite svježim ružinim laticama.

95. Šafranovo mlijeko (Haleeb al-Za'fran)

SASTOJCI:
- 2 šalice mlijeka
- 1/4 žličice šafranove niti, natopljene toplom vodom
- 2 žlice meda (prilagodite ukusu)
- Mljeveni cimet za ukras

UPUTE:
a) Zagrijte mlijeko u loncu dok se ne zagrije.
b) Dodajte vodu sa šafranom i med, dobro promiješajte.
c) Ulijte u čaše za posluživanje.
d) Ukrasite posipom mljevenog cimeta.
e) Poslužite toplo.

96. Mocktail od nara

SASTOJCI:
- 1 šalica soka od nara
- 1/2 šalice soka od naranče
- 1/4 šalice soka od limuna
- Soda voda
- Šećer (po želji, po ukusu)
- Kocke leda
- Kriške naranče za ukras

UPUTE:
a) U vrču pomiješajte sok od nara, sok od naranče i sok od limuna.
b) Po želji zasladite šećerom.
c) Napunite čaše kockicama leda.
d) Prelijte mješavinu soka preko leda.
e) Prelijte soda vodom.
f) Ukrasite kriškama naranče.

97. Limunada od šafrana

SASTOJCI:
- 4 limuna, iscijeđena
- 1/4 žličice šafranove niti, natopljene toplom vodom
- 1/2 šalice šećera (po želji)
- 4 šalice hladne vode
- Kocke leda
- Listići svježe mente za ukrašavanje

UPUTE:
a) U vrču pomiješajte svježe iscijeđeni sok od limuna, vodu sa šafranom i šećer.
b) Dodajte hladnu vodu i miješajte dok se šećer ne otopi.
c) Stavite u hladnjak na najmanje 1 sat.
d) Poslužite preko kockica leda i ukrasite listićima svježe mente.

98. Shake od datulja s cimetom

SASTOJCI:
- 1 šalica datulja, očišćenih od koštica i nasjeckanih
- 2 šalice mlijeka
- 1/2 žličice mljevenog cimeta
- Med (po želji, po ukusu)
- Kocke leda

UPUTE:
a) U blenderu pomiješajte nasjeckane datulje, mlijeko i mljeveni cimet.
b) Miješajte dok ne postane glatko.
c) Po želji zasladite medom.
d) Dodajte kockice leda i ponovno izmiksajte.
e) Ulijte u čaše i poslužite ohlađeno.

99. Kokos kardamom šejk

SASTOJCI:
- 1 šalica kokosovog mlijeka
- 1 šalica običnog jogurta
- 1/2 žličice mljevenog kardamoma
- Šećer ili med (po želji)
- Kocke leda
- Pržene kokosove pahuljice za ukras

UPUTE:
a) U blenderu pomiješajte kokosovo mlijeko, obični jogurt, mljeveni kardamom i zaslađivač.
b) Miješajte dok se dobro ne sjedini.
c) Dodajte kockice leda i ponovno izmiksajte.
d) Ulijte u čaše i ukrasite tostiranim kokosovim brašnama.

100. Minty zeleni čaj

SASTOJCI:
- 2 vrećice zelenog čaja
- 4 šalice vruće vode
- 1/4 šalice svježih listova mente
- Šećer ili med (po želji)
- Kocke leda
- Kriške limuna za ukras

UPUTE:
a) Potopite vrećice zelenog čaja u vruću vodu oko 3-5 minuta.
b) U vrući čaj dodajte svježe listove metvice.
c) Zasladite šećerom ili medom i dobro promiješajte.
d) Ostavite čaj da se ohladi, a zatim ohladite.
e) Poslužite preko kocki leda, ukrašeno kriškama limuna.

ZAKLJUČAK

Dok zaključujemo naše kulinarsko istraživanje kroz "Potpuni srednjoistočni vegetarijanac", nadamo se da ste iskusili radost i bogatstvo koje donosi bliskoistočna vegetarijanska kuhinja. Svaki recept na ovim stranicama svjedočanstvo je raznolikog i zadivljujućeg svijeta biljne prehrane u regiji - slavlje odvažnih okusa, svježih sastojaka i kulinarskih tradicija koje se protežu stoljećima.

Bilo da ste uživali u aromatičnim začinima libanonske juhe od leće, uživali u krepkoj dobroti punjenih listova grožđa ili uživali u slatkoći deserta prožetog pistacijama, vjerujemo da je ovih 100 recepata proširilo vaše nepce i donijelo živahnost bit srednjoistočne vegetarijanske kuhinje u vašu kuhinju.

Dok nastavljate istraživati svijet biljnog kuhanja, neka vas "Potpuni srednjoistočni vegetarijanac" nadahne da eksperimentirate s novim sastojcima, slavite ljepotu svježih proizvoda i prigrlite radost zdravih i ukusnih obroka. Ovo je nastavak otkrivanja srednjoistočnih vegetarijanskih užitaka i umjetnosti uzdizanja vašeg nepca kulinarskom izvrsnošću na biljnoj bazi!